W0462529

Julia Billet

La guerre de Catherine

l'école des loisirs
11, rue de Sèvres, Paris 6e

Du même auteur à *l'école des loisirs*

Collection Médium

De silences et de glace
La salle des pas perdus

© *2012, l'école des loisirs, Paris*
Loi n° 49.956 du 16 juillet 1949 sur les publications destinées à la jeunesse : avril 2012
Dépôt légal : avril 2012
Imprimé en France par CPI Bussière à Saint-Amand-Montrond
N° d'édit. : 1. N° d'impr. : 121044/1.

ISBN 978-2-211-20728-7

À ma mère et à sa force de vie

1

Soleil au zénith, inutile d'insister. J'attendrai que la lumière file douce ; à cette heure, je ne ferai rien de bon. L'heure de midi n'offre aucune ombre, aucune place aux demi-teintes ni aux clairs-obscurs. Rien ne vaut ce moment de fin de journée, entre chien et loup, quand le jour s'estompe peu à peu. Dernier coup d'œil sur le groupe de danseuses qui tournoient en robes légères, blanches corolles sur l'herbe verte et drue du parc, avant de repartir vers le château. J'ai juste le temps de déposer mon appareil photo et de rejoindre la bande ; il sera bientôt temps de déjeuner de toute façon, et les cours reprennent à deux heures.

Monter quatre à quatre ces fichus escaliers jusqu'au deuxième, pousser la porte de la chambre que je partage avec trois filles, Sarah qui dort dans le lit du dessous, et les deux autres qui ne sont pas toujours drôles ni commodes, des casse-pieds avec qui je n'ai pas grand-chose à partager, si ce n'est cet espace. Ranger avec soin mon Rolleiflex New Standard, cadeau inestimable du mari de la directrice, Pingouin, comme tout le monde l'appelle dans cette pension où j'habite depuis presque neuf mois. Enfin, en réalité, ce n'est pas vraiment un cadeau : c'est un prêt.

Il m'a nommée responsable de l'atelier photo, parce qu'il a remarqué que j'avais un plaisir – il a même dit, « une habileté » – à manier l'appareil photo et il a ajouté en s'adressant à la dirlo : « Celle-là a un regard différent de celui des autres élèves. » C'est bien la première fois que quelqu'un me trouve douée pour quelque chose. Jusqu'à ces derniers mois, j'ai plutôt été une élève assez médiocre qui n'a jamais intéressé les adultes, si ce n'est mon père et ma mère.

Pingouin doit pourtant y croire : il m'a confié son dernier achat, même si c'est en me faisant tout un tas de recommandations, entre autres, celle de toujours le ranger consciencieusement dans un coin abrité de la poussière. C'est un drôle d'homme, ce Pingouin. Il accumule les appareils photo, qu'il dépose avec soin dans une armoire vitrée de la salle commune de l'école. Il ne s'agit pas d'une collection : chacun d'eux a jusqu'alors tenu un rôle et une place dans sa vie, le Leica 3 équipé d'un objectif Summar 2/50 attrape les jeux des plus jeunes à l'autre bout du parc, le Pocket Kodak s'intéresse aux paysages qui dessinent des horizons, le Lumière Nada équipé d'un film de 400 ASA se glisse dans la nuit les soirs de lune pour prendre l'air du temps. Il en a vingt-huit, et les plus anciens ont plus de cinquante ans. Il me les a tous montrés, décrits, en m'expliquant leurs particularités et leur fonctionnement. Il goûte particulièrement le travail à la chambre noire mais la guerre l'a, je l'ai bien compris, coupé de sa passion.

La guerre a commencé il y a bientôt trois ans et Pingouin, engagé volontaire, est resté prisonnier de longs mois avant d'être libéré. Je ne connais pas son âge mais pour sûr il est plus vieux que mon père. Assez vieux pour ne pas être rappelé sous les drapeaux. Il est revenu d'un camp de prisonniers après avoir côtoyé la douleur des soldats. Il m'en a confié quelques mots, au labo, alors que nous regardions les images de sa guerre apparaître dans les bacs. Il a soigné quelques jeunes gars quand il était infirmier volontaire et a tenté d'en rassurer d'autres, au bord de la mort. Il est rentré, lui-même blessé à la tête, après l'explosion du dispensaire dans lequel il travaillait. Heureusement, sa blessure était superficielle et il a repris rapidement une vie normale. Enfin, normale... Il m'a murmuré, il y a une quinzaine de jours tandis que nous nous dirigions vers la chambre noire, que ses nuits étaient emplies d'hallucinations où les souvenirs de ces longs moments passés au chevet de jeunes gens apeurés et mourants resurgissaient, emmêlés, confus, et pourtant d'une netteté effrayante.

La photo n'a jamais retrouvé la place qu'elle avait pour lui avant guerre. Je suppose que son regard est encore trop plein des cris et de la terreur de ces derniers mois pour se plonger pleinement dans le viseur. Il n'a pas hésité à me prêter son Rollei dernier cri, preuve qu'il n'a pas le goût pour l'instant à se remettre à la prise de vue.

J'étais arrivée depuis à peine trois mois, déjà curieuse de ce labo photo et de ces appareils dans la vitrine, quand il m'a interpellée pour la première fois, alors que j'étais penchée sur sa fameuse armoire remplie de ces objets intrigants. Il m'a demandé si je connaissais quelque chose à la photographie et a commencé à me parler du sténopé de Léonard de Vinci, cette boîte étanche, ancêtre de l'appareil photo, utilisée entre autres par le peintre Canaletto, pour mettre en perspective les paysages vénitiens, puis des premiers négatifs de Niépce, puis du daguerréotype, qui avait selon lui révolutionné l'idée même de la réalité, puis d'Edison, d'Albert Kahn et d'autres grands hommes qui m'étaient tous inconnus jusqu'alors. Je l'ai écouté et je me suis laissé embarquer par toutes ses histoires.

C'est comme ça qu'il m'a mis un appareil photo dans les mains. J'ai tout de suite aimé photographier les corps en mouvement, les émotions du quotidien sur les visages. Ce n'est pas le sensationnel qui m'intéresse, non, je suis sensible aux poussières de la vie, à ces presque invisibles instants qui apparaissent dans les faisceaux de lumière, si toutefois on y prend garde. Il m'a expliqué quelques fondamentaux pour que je sache manipuler l'objet, mais rien de trop, juste de quoi me donner envie de chercher, sans craindre d'oser aller plus loin. Je me suis vite emballée, déjà à la recherche des demi-teintes et des lumières de fin de jour, impatiente de me débrouiller seule. Je l'ai entendu me traiter de « tête brûlée » et même se moquer de moi, avec un peu de dépit mais aussi de fierté ; « elle croit tout inventer », a-t-il dit à son épouse, au réfectoire, assez fort pour que je puisse l'entendre. Je crois qu'il aime bien mon petit brin d'insolence. Lui-même a été de cette trempe au même âge, il me l'a avoué en riant.

J'ai pris l'habitude d'être à l'affût du moindre geste de tous les jours et de tous, du plus petit signe à fixer sur la pellicule, mais je suis aussi capable d'attendre le moment propice pour déclencher. Je sais attraper, glisser mon œil dans les instants des uns et des autres et les mettre dans la boîte. Les copains, les professeurs, la cuisinière, l'économe ne me remarquent même plus. Ils ont pris l'habitude de me voir déambuler, l'appareil en bandoulière ou bien le nez penché sur l'objectif. Je me trimballe avec mon 6 x 6, une boîte rectangulaire que je prends à deux mains, bras demi-tendus devant moi, sans plus regarder les scènes en direct : le monde s'inscrit dans mon viseur au niveau de ma poitrine, juste au-dessus du deuxième objectif, et je décide d'arrêter le mouvement en un clic ou bien de le laisser poursuivre sur sa lancée, parce que ce n'est pas la bonne heure ou l'instant décisif. Pingouin m'a transmis sa passion et je crois qu'il en est rassuré, et même heureux, comme si je faisais vivre une part de lui, celle qu'il a perdue dans cette saleté de guerre.

Il m'a laissé la clé de l'armoire vitrée, qui non seulement recèle sa multitude d'appareils, mais aussi plusieurs kilomètres de film à embobiner et des produits chimiques d'avance, pour les tirages. J'avoue que j'ai un peu exagéré quand il m'a confié sa clé. J'étais tellement gênée et émue que je lui ai parlé avec un tantinet d'insolence. Il faut dire que c'est comme un jeu entre nous. Il fronce les sourcils et je hausse le ton. Cette fois-là, je lui ai demandé s'il croyait que j'allais épousseter son matériel parce qu'il avait la bonté de me passer sa clé. Je sais bien qu'il aime que je lui parle comme cela. Il fait semblant de le prendre de haut et ne peut s'empêcher de sourire en même temps. C'est le genre de bonhomme qui adore qu'on lui tienne tête et qu'on le rabroue. Il m'a déjà dit que je ne manquais « ni de mordant ni d'insolence », « un vrai bonheur », a-t-il même ajouté, une fois seulement, il est vrai, et je ne suis pas près de l'oublier. Mais être le mari de la directrice l'oblige sûrement à se montrer plus sérieux qu'il ne l'est. Je le connais un peu maintenant, nos confidences au labo et cette complicité dans nos joutes verbales nous ont beaucoup appris l'un de l'autre. Je sais que c'est un homme facétieux qui a plaisir à la provocation et aux rires joyeux.

Je sais aussi qu'il est d'une sensibilité extrême aux injustices et aux inégalités. Tout le monde ici a entendu dire qu'il est un fervent syndicaliste espérant qu'un jour le monde changera et que les richesses seront réparties pour le bien-être de tous. Les élèves se moquent un peu de ses idéaux, dans son dos, tout en ayant une franche admiration pour lui. Il milite avec assez d'ardeur pour nous impressionner. Depuis son retour du front, il s'occupe de l'association qui fait exister la maison de Sèvres. C'est le gouvernement en place qui finance l'école et c'est lui, Pingouin, le syndicaliste, qui doit rendre des comptes tout en restant très discret sur ses activités et les convictions qui les habitent, lui mais aussi sa femme. C'est un travail administratif qu'il fait consciencieusement, dans le souci de protéger cette école des politiques et du conflit extérieur. Je sais pertinemment qu'il fait partie d'un réseau de résistance, émanation directe de son syndicat, même s'il n'en parle jamais ouvertement. J'ai saisi suffisamment d'allusions pour le comprendre. Le labo est un lieu où l'obscurité laisse deviner les vérités. Et nous avons une proximité tous les deux qui me laisse imaginer qu'il est très actif en dehors de l'école. C'est un homme de paix, mais cette guerre l'a emporté et il est entré dans l'ombre, cette ombre qu'il cherche dans les plis de la lumière, photographe dans l'âme même s'il ne photographie plus depuis pas mal de temps. Il doit savoir qu'avec moi les images trouveront leur chemin, et c'est presque rassurant pour lui. Il peut ainsi faire sa part de travail dans cette guerre, avec la conviction que rien ne disparaîtra, grâce à mon œil et à mon envie d'accueillir les images.

2

Sarah et Jeannot sont en pleine discussion au réfectoire, où je les ai rejoints. Il paraît que Pétain a fait voter une nouvelle loi sur le statut des juifs ces derniers jours ; on leur interdit un peu plus encore de vivre dignement et cela devient sacrément inquiétant, pérore Sarah. Comme moi et comme bon nombre d'élèves de l'école, Sarah est juive. Ses parents l'ont inscrite dans cette Maison des enfants parce qu'ils savaient qu'ici on nous protégerait, sans nous rejeter ni nous mépriser. Ils ont disparu depuis ; mes parents non plus ne donnent plus signe de vie depuis des mois. Je n'ai pas envie de parler de tout cela, je préfère me tenir loin de ces pensées, sinon je sais que je pourrais bien m'effondrer. Je m'interdis d'être faible, j'ai trop peur de ma peur. Et puis j'ai faim, tellement, si souvent faim que ça me met, je crois, dans une sorte de tension, du côté de la vie. Pas question de fléchir. Tenir et tenir bon. Et puis, là, tout de suite, il faut que je raconte à Sarah et à Jeannot ce que j'ai découvert ce matin, derrière les buissons d'azalées, alors que je cherchais désespérément un peu d'ombre pour faire quelques prises de vue.

– Maurice et Marianne étaient en pleine discussion, je les voyais gigoter, ils avaient l'air de se disputer, jusqu'au moment où Maurice s'est penché vers Marianne et l'a embrassée ! Marianne s'est non seulement laissé faire mais a agrippé le Maurice et en a remis une deuxième couche...

J'ai tout vu et j'en ai encore un paquet à raconter sur cette nouvelle histoire d'amour, d'autant plus que cela permet à Sarah d'oublier un moment les drames du dehors et d'arrêter d'en parler. S'il le faut, je suis même capable d'en rajouter un peu.

– Marianne avait pourtant juré que jamais elle ne sortirait avec ce crâneur, mais elle est du genre à...

Mes amis n'hésitent pas une seconde à changer leur sujet de conversation contre les derniers potins, tout en mangeant leur purée de rutabagas au réfectoire. On racle tous nos assiettes, espérant grappiller ainsi encore un peu à manger. Aucune chance d'avoir une deuxième tournée, les temps sont durs, nous a annoncé l'économe il y a quelques mois. Il se débrouille comme il peut, avec la cuisinière, pour faire des prodiges avec des épluchures, mais les miracles de ce genre ont des limites et on l'a bien compris : nos estomacs gargouillent de concert, souvent bruyamment, même si personne ne se plaint à haute voix, sauf peut-être parfois les nouveaux ou les plus petits.

À deux heures moins cinq, nous partons tous les trois en salle bleue où notre classe se réunit pour décider de l'organisation de la semaine. Il faut dire que cette Maison des enfants est un endroit très spécial. C'est bien une école, avec de vrais instituteurs et professeurs, une directrice et un mari directeur, sauf qu'ici rien ne ressemble à l'école. Ce sont les élèves qui s'organisent pour les classes, les enseignants ne nous font pas de cours mais nous apprennent à chercher dans les livres, à faire des interviews, à scruter le ciel, à observer les oiseaux, à compter toutes les sortes de nuages. Pas de cours de calcul, d'histoire, de français. Ce sont les élèves qui vont chercher et découvrir ce qu'ils ont à savoir du monde. Ce sont eux qui font des exposés à leurs camarades, eux qui construisent des maquettes ou dessinent des cartes de géographie. Ce sont eux qui écrivent des articles dans le journal de l'école, *Voile au vent*, l'impriment avec des caractères de plomb ; ce sont eux encore qui décident de sanctionner l'un ou l'autre qui n'a pas respecté le travail de groupe ou bien même l'enseignant qui aurait abusé de sa place d'adulte. Dans cette école, on apprend le mime et puis le théâtre, sans oublier la sculpture et le tissage, la couture...

Cette maison est un haut lieu de la pédagogie nouvelle qui tire sa philosophie des livres de Freinet, Decroly et Montessori, tous de grands penseurs qui se sont interrogés sur l'école. Je n'ai bien sûr rien lu de tout cela, mais la directrice nous a bien expliqué d'où venaient ces méthodes qui semblent un peu étranges au début, voire inquiétantes pour les parents qui laissent leurs enfants en pension. La Maison des enfants est le croisement de toutes ces réflexions et de ces rêves de vie meilleure, et la dirlo n'en est pas peu fière. Elle défend bec et ongles ses choix quand des parents lui demandent de traiter leurs enfants selon les bonnes vieilles méthodes d'éducation qui ont, selon eux, fait leurs preuves. J'ai entendu dire par l'économe que la maison est un lieu critiqué par l'Éducation nationale, qui voit d'un mauvais œil cette pédagogie bizarre. Il paraît que les inspecteurs trouvent que nous avons trop de liberté et que la mixité met en danger la bonne moralité. Mais a priori, à en croire ce qui se passe ici, cela ne fait pas peur à Goéland, la directrice, qui n'en fait qu'à sa tête et adore l'idée de voler à contre-vent.

Je me suis retrouvée dans cet univers, il y a quelques mois, et j'ose encore à peine croire ce qui m'arrive. Tout est incroyable ici. J'ai vraiment souffert de mes premières années d'écolière parisienne, rabrouée par les maîtres qui me trouvaient tous trop bavarde ou trop brouillonne ou pas assez rigoureuse. Pas un qui m'ait trouvé du talent ou même un brin d'intelligence. Mes cahiers ont toujours été gribouillés, à l'encre rouge, de mots durs : *« Sale, cochonne, ni fait ni à faire. »* Ici, personne ne m'a jamais écrit ou dit ce genre de mots. Au début, j'étais complètement déboussolée dans ce lieu où chacun est responsable de son travail. Tout ce que chacun fait a une incidence sur les autres, et ça a été un sentiment très nouveau pour moi que de penser que je pouvais intéresser quelqu'un avec mon travail. J'ai de temps en temps encore quelques vieux réflexes : faire la tête ou m'énerver contre l'ordre établi en râlant après le monde entier. Pourtant, ici, on ne peut pas parler d'autorité comme je l'ai connue à la communale. Pas de maître qui intime le silence ou meurtrit avec des petites humiliations perverses, pas de maîtresse qui exige quoi que ce soit. Quand je suis arrivée, je trouvais tout cela tellement bizarre que je me méfiais, je cherchais la faille et tentais de me heurter aux adultes, en les accusant de me brimer ou bien de m'empêcher d'être moi-même. Nulle part ailleurs je n'aurais pu dire et je n'ai dit ce genre de chose, et il m'a fallu un moment pour m'en rendre compte. C'est ça aussi ma liberté : bougonner et m'emporter, même si je m'en mords le plus souvent les lèvres chaque fois trop tard. Je me rattrape comme je peux, en travaillant deux fois plus ou bien en proposant aux institutrices de faire quelques portraits d'elles dans le parc. Ça marche à tous les coups : être la photographe en titre de l'école me donne une belle marge de manœuvre, dans laquelle je me sens libre et forte.

La bibliothèque est immense et regorge de livres anciens et modernes. La bibliothécaire, qu'on surnomme Abeille, surveille sa ruche, guide les hésitants, conseille les curieux, sollicite les timides et râle après ceux qui viennent papoter à l'ombre des étagères. J'aime bien cette femme un peu bourrue et tellement savante. Je passe pas mal de temps, comme la plupart des élèves, à fouiller et à prendre des notes dans les ouvrages qu'Abeille recouvre patiemment d'un papier de soie transparent, l'œil alerte sur toutes les tables, prompte à voler au secours de l'un ou de voler dans les plumes d'un autre. J'ai fait plus d'une photo sans qu'elle s'en aperçoive, où elle fronce les sourcils ou bien tend la main vers l'un d'entre nous.

La bibliothèque est sans doute le lieu le plus organisé du

château et la pièce en meilleur état : pas de peinture qui s'écaille, puisque les livres cachent chaque millimètre des murs, un parquet recouvert de tapis d'Orient, donc pas de lames fendues ou bien manquantes, à moins que les tapis ne dissimulent quelques trous sans que personne n'en sache rien. Des tables et des chaises en bois assorties, alors qu'ailleurs tout est de bric et de broc. Manifestement, c'est la seule pièce digne d'un château. Tout ailleurs est à peu près : à peu près droit, à peu près utilisable, à peu près peint, à peu près récupérable, à peu près confortable. Le pire endroit est sans doute la cuisine, qui ressemble davantage à une souillarde du Moyen Âge – terre battue, casseroles accrochées à la va-comme-je-te-pousse, poêles cabossées comme si elles avaient servi dans une bataille rangée, placards aux battants ballants, la porte du garde-manger mangée par les vers…

Le « château » en a l'allure extérieure mais au-dedans, si l'on excepte la bibliothèque, c'est plutôt un vieux manoir déglingué qui n'impressionne plus celui qui en a franchi les portes.

En un rien de temps, je me suis retrouvée responsable du club photo. J'ai tôt fait d'apprendre avec Pingouin comment passer, dans le noir absolu, le film de la grosse bobine à la petite bobine de 35 millimètres, comment développer puis tirer des photos. Je sais que j'ai encore tout à découvrir mais cela ne m'empêche pas de m'occuper de mon club avec fougue. J'ai envie de transmettre tout ce que je sais. En neuf mois, j'ai déjà fait des adeptes au travail de labo en leur apprenant, en plus, les rudiments de la prise de vue. J'ai même fait une conférence devant plusieurs classes et je leur ai présenté, à cette occasion, quelques images des photographes rencontrés aux détours de mes recherches, le grand Man Ray et son *Violon d'Ingres*, Manuel Alvarez Bravo et sa « parabole optique », Edward Weston et ses étranges tirages… J'ai adoré chercher, trouver et raconter toutes ces histoires aux autres. Quand j'ai éteint le projecteur et rallumé la lumière, la classe a applaudi, et Pingouin, qui n'aurait raté mon exposé pour rien au monde (selon ses propres mots), a pris la parole pour dire que j'avais fait là un travail remarquable. Quand je pense qu'avant d'arriver à la maison de Sèvres les maîtres me prenaient pour une fille médiocre, et l'écrivaient sans scrupule dans mes carnets de notes… Je me souviens que cela faisait bouillir de rage mon père ; il perdait toute mesure quand il lisait ces mots qui le blessaient peut-être encore plus que moi. Je m'étais faite à l'idée d'être une fille sans grande intelligence et sans aucun talent pour apprendre, alors qu'il m'avait toujours traitée comme une princesse brillante et spirituelle.

Depuis cet exposé, Pingouin me laisse de plus en plus seule, en me rappelant qu'on n'apprend jamais mieux qu'en expérimentant soi-même. Le tirage m'a déjà réservé quelques mauvaises surprises – trop de noir, trop de blanc, des taches ou des pâtés sur des visages –, mais je crois bien qu'avec le temps je saurai faire quelque chose de toutes mes erreurs. Je m'accroche et passe au labo plus de temps que de raison. C'est en tout cas ce que pensent Sarah et Jeannot, qui s'impatientent parfois de mes absences. Je me suis habituée aux gestes précis, à compter mes pas dans le noir pour ne pas heurter les murs ni les bacs de produits chimiques.

En neuf mois, j'ai beaucoup appris et j'ai découvert tant de choses nouvelles que je parviens, le plus souvent, à reléguer en fin de journée, au fond de moi, mon inquiétude et ma terreur. La guerre est là et bien là, je n'en suis pas dupe, mes parents ne m'envoient plus rien depuis quatre mois, on parle de rafles de juifs envoyés dans des camps de travail en Allemagne. Pingouin me raconte parfois, dans le noir, ce qu'il entend çà et là, à l'extérieur de l'école. Il ne se rend pas compte que je me mords les lèvres pour qu'il ne m'entende pas renifler.

Je m'en veux tellement… si je n'avais pas été aussi odieuse et insouciante, « mademoiselle Grincheuse », m'appelait si souvent maman en se moquant de moi, toujours gentiment pourtant. Maman…

Ne pas penser, ne pas évoquer les souvenirs, le timbre de sa voix, sa caresse sur ma joue. Ne pas se rappeler la dernière fois où je lui ai dit au revoir, pressée de la voir partir. Si je me laisse aller à y penser, je ne tiendrai pas le coup, je le sais, je le sens. Je me souviens du premier jour, quand mes parents m'ont accompagnée, en me disant qu'ici je serais en sécurité et qu'ils préféraient me savoir là que dans leurs jambes dans ces moments difficiles. Je me souviens de la première fois où j'ai vu ce château, moi qui n'avais vécu que dans de vieux appartements de guingois du Marais, jamais très loin de République. J'avais cru entrer dans un nouveau monde, celui du luxe et de la volupté baudelairienne. J'avais vite déchanté pourtant, quand j'avais vu l'état dudit château et la maigre pitance quotidienne. Je me souviens de mon premier contact avec la directrice, son chapeau un peu ridicule sur la tête et son air faussement sévère. La visite de ma chambre, « pas un dortoir », avait insisté Goéland, une chambre. « Ici, avait-elle ajouté, c'est un lieu de vie, et une école, une drôle d'école, c'est vrai, un peu particulière, mais pas une colonie de vacances où on dort dans des dortoirs ; ici, ce sera ta maison, c'est la Maison des enfants. » À ce moment-là, j'avais compris que, sous cet air rude et sec, cette femme cachait un paquet d'amour. Je me souviens de mon plaisir quand j'ai vu ce grand parc, ces arbres centenaires qui m'ont ramenée à la cour de l'école communale, aux quatre misérables tilleuls et baraquements de bois, aux toilettes qui ne fermaient pas et à leurs portes trop courtes qui laissaient dépasser les pieds par en dessous. Je détestais ces toilettes froides et si peu intimes. Dans le parc, alors que je faisais le tour du propriétaire avec mes parents et la directrice, des jeunes sautaient, dansaient, jouaient sous les arbres, dans l'herbe, et j'ai vite senti que je me plairais dans ce lieu qui semblait si éloigné de la guerre et du bruit de la mort. Goéland expliquait à mes parents comment fonctionnait l'école et je sentais ma mère absente à ces mots ; je comprends seulement maintenant pourquoi. Je me souviens comme je me suis séparée de papa et maman, pressée de les voir partir, alors qu'eux me serraient dans leurs bras avec cette force que je saisis aujourd'hui : la peur de ne jamais revenir. Mes parents savaient déjà ce que signifieraient le manque et l'absence. J'étais trop impatiente, trop insouciante aussi pour me rendre compte qu'ils me disaient peut-être adieu à ce moment-là. Je n'avais rien compris et les avais vus partir avec soulagement.

Oublier ces derniers moments, cette arrivée et tout ce qui précède. Oublier et me lancer à corps perdu dans cette vie nouvelle, en enfouissant cette colère contre le monde entier, contre moi-même en vérité, contre la guerre, contre le silence, pour ne pas me laisser gagner par le désespoir. Pousser cette tristesse au fond de mon ventre et courir après les images, chercher celle qui un jour peut-être me rendra célèbre. Parce que je rêve de devenir une grande reporter sillonnant le monde, partant sur les glaciers, comme ce Paul-Émile Victor qui est venu faire plusieurs conférences à l'école, ou comme ces Américains qui ont immortalisé des ouvriers de l'industrie automobile à la sortie des usines. Je me sens l'âme d'une voyageuse et j'espère bien un jour devenir une grande photographe, journaliste, écrivain, une femme pas comme les autres. Une femme qui ne fuira jamais mais sera au contraire toujours sur le pont, aux premières loges, sans jamais connaître la peur, cette sale trouille qui me mine toutes les nuits. Je rêve que je retrouverai mes parents et je rêve de tirer leur portrait, les plus beaux portraits que jamais je n'aurai encore fait.

Pas le temps de geindre, pas le temps de m'écouter trop longtemps, j'ai trop de choses à faire, j'ai trop d'appétit pour tout ce qui me submerge depuis que je suis arrivée dans cette maison de Sèvres ; m'ancrer dans le présent, ne pas ressasser cette fichue tristesse, m'accrocher aux instants de tendresse, aux images qui s'inscrivent sur papier, m'imaginer un avenir où la guerre n'aura plus cours. Imaginer le jour où je retrouverai maman, papa et où je leur montrerai mes photos, où ils sauront comme ils peuvent être fiers de moi, où ils me pardonneront d'avoir été tellement pressée de les voir partir.

En fin de journée, Sarah et Jeannot, après avoir goûté mes potins, n'ont pu s'empêcher de me raconter leurs aventures. J'ai réussi à les détourner de leur conversation à midi, mais cette fois je n'y échapperai pas. Sarah a décidé d'écrire coûte que coûte un article pour s'insurger contre cette nouvelle loi sur les juifs, dans la *Voile au vent* mais elle est certaine de subir la censure du groupe d'élèves responsables du journal et des enseignants, sans parler de Goéland qui va ruer dans les brancards si elle a vent de l'écriture de cet article avant publication. Elle a bien compris que la directrice met tout en œuvre pour qu'on ne fasse pas trop de bruit sur ce qui se passe au-dehors, et cela l'agace vraiment. Sarah enrage de cette injustice et le ton de sa voix ne laisse aucun doute à ce sujet. Elle a clamé haut et fort à qui a bien voulu l'entendre qu'elle allait écrire un article détonant, sans pour autant laisser à qui que ce soit la possibilité de lui répondre. Elle n'est prête à écouter personne, sauf Jeannot qui, de toute façon et comme d'habitude, est d'accord avec tout ce qu'elle dit : il la trouve merveilleusement intelligente, belle et drôle ; amoureux comme il est, elle pourrait bien proposer une manifestation anti-vichyste dans les rues de Sèvres, qu'il la suivrait, la fleur à la boutonnière. Mais les sorties sont interdites, et s'il y a bien une chose qui rend Goéland redoutable, c'est que l'un de nous approche de la grille et regarde au-dehors. Même moi, je ne m'y risque pas. J'ai beau avoir une grande bouche et des mots acérés, je sais aussi que le moindre pas dans le monde extérieur est un danger pour nous, Sarah ou bien moi, avec le prénom et le nom de famille que nous portons l'une et l'autre. Les Lévi et les Cohen ne font pas long feu dans cette France où l'antisémitisme n'est même plus une honte. J'ai bien tenté de mettre en garde Sarah : son histoire d'article ne me dit rien qui vaille et je crois qu'elle ferait mieux d'éviter le sujet pour éviter les ennuis. Mais seule contre eux deux, je ne fais pas le poids ; je baisse les bras et la voix rapidement. Les deux idiots s'enivrent de leur colère, et ça m'agace terriblement.

Il fait faim mais il n'est pas question de goûter ici. La Maison des enfants subit les restrictions, et les tickets d'alimentation, ces drôles de petits timbres qui n'ont l'air de rien, ces bouts de papier sans valeur, nous laissent bien souvent l'estomac dans les talons et la rage au cœur.

Sarah a entendu sur la radio de Taupe – petit surnom de Mme Michon, cuisinière qui vient chaque jour mettre la main à la pâte à pain – que le gouvernement de Vichy avait ouvert un camp à Drancy et qu'ils y enfermaient les juifs. Elle nous le répète à Jeannot et à moi, et j'ai peine à en croire mes oreilles :

– Non, ce ne sont pas les nazis, ce sont les Français qui s'occupent de ce camp, vous avez bien entendu, les Français ! Ces suppôts du Maréchal, notre police tout entière ! À la radio, le commentateur a parlé d'une sorte de bâtiment en forme de fer à cheval, une sorte de grand U, il a évoqué des barbelés qui ferment ce U et des miradors où des policiers tendent leur fusil vers l'intérieur, il a même prononcé le mot « mâchefer », paraît que c'est un truc qui couvre le sol…

Je n'avais jamais entendu ce mot, je l'ai noté discrètement dans le creux de ma main en me jurant d'aller en chercher la définition à la bibliothèque. Mâchefer… ce mot a des sonorités barbares et je crains de trouver une signification à la hauteur de ma peur. Sarah est d'autant plus bouleversée par ce qu'elle a entendu sur cette radio interdite que Taupe écoute tout doucement, dans la cuisine, le soir, en faisant la vaisselle, qu'elle imagine peut-être ses parents là-bas, au milieu de centaines d'autres personnes ; peut-être même qu'ils y sont avec mes parents à moi.

Que pouvons-nous faire, nous demande-t-elle à Jeannot et à moi, comment peut-on sauver tous ces gens, d'ici, en vivant dans ce cocon où rien ne se passe, où la vie continue comme si de rien n'était ? Que fait-elle là, elle qui est juive, alors que sa place devrait être auprès des siens ? Je n'ose laisser ces questions arriver jusqu'à mon cerveau tant elles font mal.

C'est à ce moment précis, alors que je me demande si Sarah n'a pas raison de vouloir écrire cet article, pour tout révéler, tout ce qu'elle a entendu en cachette, que Jeannot nous attrape les mains, nous tire vers lui et, sans crier gare, nous fait dévaler les escaliers. Il court, et Sarah et moi sommes emportées par sa course soudaine. Jeannot n'a aucun mot pour nous rassurer, il peut juste courir et nous attirer avec lui dans le parc, et courir encore pour que Sarah et moi, essoufflées, ne pensions plus qu'à nos corps, dans cet instant-là, avec lui. Nous nous laissons faire, nous cavalons ; nos jambes en colère, comme chaque parcelle de nous-mêmes, s'emballent et semblent vouloir rattraper le temps, celui d'avant, quand nous vivions dans des appartements avec nos parents, les petits déjeuners, mon père et son père, le journal ouvert pour cacher leurs sourires de nous voir si décoiffées et les yeux encore collés, ou que nos mères éteignaient toute lumière les soirs de shabbat en n'oubliant jamais de nous dire comme nous étions belles. Nous traversons le parc à toute allure et nous arrêtons d'un coup, essoufflés entre rires et larmes, épuisés, vidés de tous ces mots qui cognaient si fort, il y a pourtant quelques minutes à peine. Le groupe de danseuses que je voulais photographier à midi chahute derrière les noyers, et me reprend l'envie de les photographier. Je remonte dans ma chambre après avoir retrouvé mon souffle, récupère mon Rollei et reviens au petit trot vers le groupe des filles, laissant mes deux acolytes rouler dans l'herbe en riant.

Je leur ai promis une photo pour l'affiche du spectacle qu'elles préparent. Plusieurs jours déjà que je traque le bon cliché, mais rien ne vient. Cela m'arrive souvent ; dans ces cas-là, je tourne et vire, change de point de vue, me baisse ou au contraire monte sur une chaise et j'attends que l'image s'impose d'elle-même. J'ai lu quelque part que les images existent et qu'il faut les découvrir, et cette idée-là me trotte dans la tête. Je suis de plus en plus convaincue que je ne suis qu'un instrument qui doit mettre au monde certaines images. Un instrument dans la main de qui ? J'ai beau être de famille juive, mes parents ne sont pas très pratiquants et je n'ai jamais vraiment cru qu'un Dieu guidait les vies de chacun. J'y crois même de moins en moins à vrai dire. Mes parents se prêtent au plaisir de quelques fêtes, Hanoukka, la fête des bougies, tellement poétique dans la nuit d'hiver, et aussi Yom Kippour, qui reste une belle occasion de manger un couscous et de boire du lait fermenté. Quelques shabbats, de temps en temps, comme pour ne pas oublier nos origines. À part ça, je ne connais pas grand-chose de ce que tout le monde croit être ma religion, et j'ai d'autant plus de mal à comprendre qu'on me considère comme juive alors que je n'ai jamais eu l'impression d'appartenir à cette communauté plutôt qu'à une autre.

La lumière jaune de la fin de journée est celle que je préfère, et pour rien au monde je ne veux rater cet instant qui rend l'univers tellement fragile et en même temps tellement lumineux. Ce moment de la brune, le crépuscule. Les danseuses finissent par m'oublier, répètent en riant quelques mouvements du ballet. Lassées de toute cette concentration nécessaire pour chercher les pas, sans même avoir de musique pour les porter, elles se mettent à faire les folles, avec une grâce troublante. J'aimerais moi aussi sauter au ciel, faire le grand écart en discutant, ou bien la roue en chantant, comme cette bande de filles-papillons ; au lieu de cela, je me sais maladroite, et cette foutue poitrine qui semble ne pas vouloir s'arrêter de grossir me gêne dans les gestes pourtant les plus simples.

Ana et Graziella tiennent à bout de bras Éléonore, l'une les deux bras levés, juste à l'embrasure de la poitrine, alors que l'autre soutient la jambe gauche d'Éléonore. Celle-ci lève sa jambe droite, pointe de pieds tirée en arrière, à l'horizontale, et en riant redresse la tête, regardant droit devant elle. De la tête aux pieds elle est à la fois ligne d'horizon et dans l'envol. C'est juste à ce moment que je déclenche, et, j'en suis sûre cette fois, cette photo va être la bonne. Cela ne m'arrive pas si souvent de connaître ce sentiment. C'est certain, ce cliché ne pourra pas servir d'affiche, mais j'ai mieux, ce que je cherche depuis plusieurs jours – à moins que l'image ne m'ait cherchée et trouvée, moi ?

La nuit approche, Sarah et Jeannot roulent encore dans l'herbe, leurs respirations mêlées, leurs rires déployés. J'observe un instant Jeannot dans le halo du soir et reste une seconde hésitante. Le prendre en photo, dans ce moment d'oubli de lui-même ? Jeannot me plaît plus qu'un ami, je dois l'avouer, mais il est davantage sensible au charme de Sarah qu'au mien. Je le comprends, Sarah est une fille tellement extraordinaire. Si j'étais un garçon, c'est elle que je choisirais, pas moi ! Mais au diable tout cela, nous sommes soudés, tous les trois, j'en ai la preuve chaque jour et c'est ce qui importe le plus. Pas si simple de se faire des amis, aussi drôles, aussi proches, des amis intimes. Dehors, je n'ai jamais connu cela. J'ai laissé quelques copines dans mon quartier et à l'école, mais personne n'a compté autant que ces deux-là pour moi et je sais à quel point nous avons besoin les uns des autres, alors que nous sommes enfermés dans cet endroit qui, s'il a beau être magique, est pourtant une sorte de prison dont on ne peut sortir à sa guise. Une prison qui nous coupe du monde et de nos familles. Je n'aime pas parler de tout cela ; Sarah m'énerve quand elle commence à entrer dans ce discours, mais, même si je veux y échapper, il n'en reste pas moins vrai que nous sommes dans un monde à part, qui nous coupe de la vraie vie. Sarah a besoin d'en parler, d'évoquer la résistance, sa haine des nazis, sa peur de l'avenir.

Moi, j'aime mieux fuir ces conversations. Non pas que je n'y pense pas, mais je voudrais tellement croire à la poésie, à la beauté du monde, échapper à sa folie, et puis oublier comme j'ai été soulagée de voir partir papa, maman. Je voudrais pouvoir rêver. Pas les rêves de la nuit, ceux-là, je les connais trop bien, et je tente de leur échapper, au moins tant que la lumière du soleil ou des ampoules électriques éclairent la chambre. Je crains les cauchemars qui me submergent, me réveillent en nage, en pleurs souvent, et me font crier si fort que je réveille Sarah qui dort juste en dessous de moi, dans le lit d'en bas, mais aussi les deux autres filles de la chambrée, qui sont bien moins compréhensives qu'elle.

Sarah connaît cette faille et accepte de respecter ce besoin de silence que j'ai parfois. Il faut dire aussi qu'elle se laisse facilement gagner par mes potins, mes envies de rire, les petites indiscrétions que je soulève à force de me balader partout avec mon appareil photo. Je débusque toutes sortes d'histoires qui sont délicieuses à croquer, et même à savourer en ces temps de gros appétits pas rassasiés. Quant à Jeannot, il est toujours prêt à nous embarquer dans des ailleurs quand il nous sent tristes ou sur le chemin de l'être. Il en connaît tellement sur l'histoire de France et du monde qu'il peut nous tenir en haleine des heures et des jours, autant en nous racontant la vie des Égyptiens dans l'Antiquité que les histoires de Gavroche dans les rues de Paris ou la vie des paysans sous Louis XVI. C'est un puits de connaissances et aussi un vrai clown. Il est capable d'imiter tous les enseignants, Goéland en tête : il mime son air pincé et s'affuble de feuilles qui prennent l'allure des chapeaux de la directrice, il fronce les yeux comme elle le fait avant de piquer une colère – la pédagogie nouvelle n'empêche pas Goéland d'avoir un sale caractère. Il pastiche aussi le Maréchal qui scande Travail, Famille et Patrie avec cette solennité paternelle propre au vieux bonhomme, et il couine comme Mickey Mouse en mâchant des mots américains qu'il invente, et qui semblent mieux que du vrai english. Il fait aussi des acrobaties en s'accrochant aux branches comme Tarzan, sans omettre bien sûr de lancer le cri de l'homme-animal dans le parc du château. Il n'est pas contrariant, nous admire toutes les deux et sait toujours quand il est temps de nous faire rire et de nous aider à oublier nos tristesses. Nous formons un sacré trio et nous passons plus de temps à nous inventer des projets et à glousser qu'à nous morfondre sur la vie, même si nous sommes bien souvent rattrapés, malgré nous, malgré la force de Jeannot, par l'Histoire qui se joue au-dehors.

Bientôt l'heure du dîner, nous sommes tous les trois ce soir de service ; nous n'hésitons jamais à nous inscrire à cette tâche ensemble, c'est presque un moment de jeu que de dresser le couvert et d'apporter les marmites chaudes de soupe sur les tables. C'est comme un avant-goût du repas, un temps volé à l'attente. Ce soir, pourtant, je suis trop impatiente de passer au labo pour développer le film que je viens de finir.

Le labo est un peu archaïque, comme tout dans ce château, mais c'est mon monde à moi, surtout depuis que Pingouin me laisse me débrouiller seule. Je m'en occupe, j'y fais le ménage, garde les clés sur moi pour qu'aucun enfant n'aille toucher aux produits chimiques qui peuvent se révéler dangereux, Pingouin me le serine assez souvent. Combien de fois lui ai-je répondu : « Ça va, vous me l'avez déjà dit mille fois, je ne suis pas complètement idiote ! » Quand j'y pense, ça me fait sourire toute seule. Je vois bien que Pingouin se retient de rire de mon impertinence ; je le soupçonne même de le répéter si souvent pour avoir le plaisir de m'entendre râler contre lui, comme un charretier.

Le labo est construit autour d'une vieille baignoire démodée et surtout ébréchée sur laquelle repose une planche de bois qui sert de plan de travail où sont posées les cuves. Pas de fenêtre, ce qui évite toute source de lumière, et une petite armoire dans laquelle sont rangés les produits en cours d'utilisation : les sels du révélateur négatif, l'acide acétique du bain d'arrêt, les sels du fixatif et une bouteille d'agent mouillant, pour que le film sèche correctement, et, bien sûr, quelques paquets de papier à différents formats. Je n'avais pas idée de l'existence de ces produits, il y a un an. Je les manie pourtant aujourd'hui comme si je les connaissais depuis toujours, même si je fais, c'est vrai, encore quelques erreurs, qui m'intéressent peut-être autant que ce que je réussis du premier coup. L'erreur, en photo, est la meilleure façon de retenir les choses, mais surtout de créer des images surprenantes, parfois très belles. Certains photographes excellent dans cet art, comme les Américains Frank Eugene ou Richard White. Leurs ratages deviennent poésie, tableaux, œuvres d'art à part entière. Il émane de ces tirages une étrangeté bouleversante. J'adore ces ambiances et je ne désespère pas de savoir en fabriquer un jour.

L'ancienne armoire à pharmacie accueille les films au séchage, je la nettoie avec un soin tout particulier pour que la poussière ne s'y loge pas. L'agrandisseur a été bricolé à partir d'un ancien appareil photo ; il n'a rien de moderne mais remplit son office avec rigueur et simplicité. De toute façon, je n'ai jamais rien connu d'autre, sauf sur des magazines que m'a prêtés Pingouin, et je trouve, pour l'instant en tout cas, ce matériel parfait.

J'ai demandé une faveur à Sarah et Jeannot : m'accorder une petite heure pour que j'aille développer mon négatif. Sarah a froncé les sourcils, Jeannot a imité Goéland ronchonnant et nous nous sommes pris un fou rire. Je me suis sauvée au labo, titillée à l'idée de voir le négatif où peut-être ma plus belle photo va s'inscrire à l'envers, dès ce soir.

Glisser le film de la bobine sur une sorte de petit tambour, dans l'obscurité. C'est devenu un jeu d'enfant que de trouver l'extrémité du film, puis le bon rythme dans un mouvement d'avant en arrière pour que la pellicule s'enroule dans les petites rainures de la spire. Une fois le film placé, je me débrouille pour avoir de l'eau à vingt degrés, ce qui n'est pas toujours simple, en fonction du temps.

Quand je n'arrive pas à la bonne température, que je vérifie avec le thermomètre à confiture que l'économe cherche partout depuis des mois, je laisse le film un peu plus longtemps à tremper dans le révélateur. C'est Pingouin qui m'a donné tous ces petits trucs et, à chaque passage, j'affine ma pratique. Je prends bien soin de noter tout ce que je découvre pour mémoriser mes progrès et éviter de refaire les mêmes erreurs ou bien au contraire pour les refaire, en toute conscience. Je garde sur moi ce petit carnet bleu tout le temps, au cas où j'aurais un jour une idée extraordinaire.

Ce soir, coup de chance, la température atteint les vingt degrés en un rien de temps. Tout semble vouloir se passer au mieux. D'un bain à l'autre, après avoir remué avec une tige de métal les différentes mixtures, je finis par laver le film encore engoncé dans la spire, sous le robinet de la baignoire. Enfin, mettre à sécher la pellicule que j'ai dégagée avec délicatesse de sa gangue ; la gélatine est en effet à ce moment-là très fragile et la moindre rayure annihilerait la qualité des photos. J'accroche avec une pince à linge le film dans l'armoire, à l'abri de la poussière.

Une fois que j'ai fait tout cela, me reste à attendre quelques heures pour être sûre de pouvoir travailler avec un film sec et propre. J'ai quand même eu le temps ce soir de voir les deux danseuses porter à bout de bras leur compagne, et j'ai bien l'impression de ne pas avoir rêvé : la photo pourrait être exceptionnelle. Quant à Jeannot, il a un profil vraiment séduisant sur la toute dernière partie du négatif.

3

Quand j'arrive en courant au réfectoire, non seulement les tables sont mises mais tout le monde est déjà assis et Goéland s'apprête à prendre la parole. Aïe ! Elle fronce les sourcils quand elle me voit arriver, échevelée comme à mon habitude, elle se doute d'où je viens ; elle a compris que son mari m'a donné son virus pour la chambre noire, et je crois bien qu'elle en est un peu jalouse. Passe sur son visage un voile de tristesse, juste une fraction de seconde. Je devine qu'elle s'inquiète pour Pingouin et que je lui rappelle qu'il est trop perturbé ces derniers temps pour faire de la photo, alors qu'il aime tellement cela. Mais elle se reprend vite, elle n'est pas du genre à se laisser aller à la nostalgie, surtout devant nous ; c'est une femme de devoir, et son devoir pour l'instant est de nous protéger de toutes les horreurs qui tombent sur le monde.

Elle prend la parole, ce qui fait taire la dernière mouche égarée. Personne ne touche à sa cuillère, et pourtant chacun attend ce repas depuis plusieurs heures, mais quand Mme Goéland, comme disent les nouveaux arrivants les premiers jours, va prendre la parole, plus personne ne bouge.

Elle n'a pas l'habitude de parler pour ne rien dire. Je m'assois à la droite de Jeannot, avec un mauvais pressentiment.

Je ne mets pas longtemps à comprendre que c'est Sarah qui a mis le feu aux poudres avec son projet d'article. La directrice ne la regarde pas directement, mais c'est bien à elle que s'adresse ce discours.

Sarah n'a pas joué franc jeu en parlant de ce projet à quelques-unes sans en référer au conseil de la Petite République. La République des enfants a été proclamée depuis plusieurs mois, elle est composée d'une présidente, Huguette, élue par nous, les élèves de l'école. Un tribunal et une cour suprême se réunissent dans les cas graves. Cette Petite République est très sérieuse, et Sarah, comme chacun de nous, est attachée à ce fonctionnement démocratique. Les adultes n'interviennent pas dans cette organisation, c'est un grand principe. Ce sont bien sûr eux qui ont insufflé cette organisation, au début ; c'était sûrement un truc pédagogique, une façon de nous faire travailler sur la constitution et la notion de république. Puis, peu à peu, les adultes aussi se sont pris au jeu et nous ont embarqués dans cette aventure. Cela nous a amenés, des plus petits aux plus grands, à un énorme temps de recherche et de réflexion : créer cette République nous a demandé de bien comprendre ce que signifiait ce terme. Sarah de son côté a fait un exposé sur les élections ; moi, j'ai, avec Héléna, expliqué le fonctionnement d'un tribunal. Nous avons même simulé un vrai jugement, en nous répartissant les rôles. Ça avait été un exercice compliqué. Devait être jugé un homme qui avait volé du pain pour se nourrir ; l'avocat de la défense avait ému aux larmes les jurés, et, heureusement, le voleur n'avait pas subi le sort de Jean Valjean. Les petits avaient fait des dessins pour illustrer les recherches des grands. Des mois de travail avant de mettre en place notre Petite République avec ses règles, la répartition des responsabilités (responsable des chambres, ou bien d'une activité comme la danse, ou, pour les plus petits, responsables des tartines ou des pinces à linge...).

Sarah et Jeannot ont pour leur part la responsabilité de la parution mensuelle de la *Voile au vent*, moi je suis responsable de l'atelier photo. Nous connaissons tous les règles, les nouveaux arrivants sont accueillis par la présidente de la Petite République, elle leur en indique le fonctionnement et peu à peu propose des responsabilités aux nouveaux venus.

Sarah a dérogé aux règles. J'ai pourtant essayé de le lui dire tout à l'heure, mais la bourrique est plus têtue qu'une ânesse. Elle aurait dû en référer au conseil pour proposer son article, qu'elle savait litigieux. Or elle a seulement braillé çà et là qu'elle allait faire paraître ce texte. À en croire la tête qu'elle fait maintenant, elle commence tout juste à mesurer la portée de ses actes. Pour que Goéland intervienne, c'est que la cour suprême aurait dû être réunie ; elle aurait dû elle-même en faire clairement la demande à ses camarades.

Goéland commence par évoquer les dernières mesures du gouvernement contre les juifs, en insistant sur l'injustice de telles lois et sur sa colère personnelle concernant ce nouveau pas franchi par l'État français. Elle s'adresse à nous, citoyens de la Petite République, avec gravité. Elle a appris que certains d'entre nous ont décidé de publier dans la *Voile au vent* un article qui peut s'avérer un danger pour la communauté. Elle demande donc à la présidente et aux citoyens de se prononcer, sous la forme d'un référendum, sur la parution d'un tel article.

Elle insiste sur le fait que les adultes n'ont pas à se mêler de ce type de décisions, sauf que cette fois elle ne peut rester en dehors de cette histoire. Elle est directrice de la Maison des enfants, elle a la responsabilité de chacun de nous, devant nos parents et devant la loi républicaine, et puisque l'un d'entre nous a dérogé à la règle sans être interpellé par le conseil, elle s'immisce, à regret, dans notre Petite République, dont, elle ne l'oublie pas, le slogan est pourtant : « La séparation des pouvoirs ».

Avant que nous votions, ajoute-t-elle, elle tient à ce que nous connaissions la portée d'un article incisif qui pourrait arriver aux yeux de la police et des Allemands. Elle rappelle à quel point la guerre est proche, à quel point la Maison des enfants est une enclave dans une zone occupée par l'ennemi. Une enclave qui peut devenir fragile si les autorités se rendent compte que la révolte gronde et s'exprime à voix haute dans ce lieu. Nous savons tous que certains d'entre nous sont juifs et que le gouvernement fait la chasse aux juifs.

Elle demande donc à la présidente de la République, en tant que directrice de la Maison des enfants, d'organiser ce vote à main levée, compte tenu de l'urgence de cette décision. Huguette, la présidente, qui vient tout juste d'avoir quatorze ans, reformule la question : qui vote pour que l'article soit publié ? Pas une main ne se lève. Qui vote pour que cet article ne soit pas publié : toutes les mains se lèvent, y compris celle de Sarah, rouge de honte. Jeannot lui serre la main sous la table, gêné lui aussi de ne pas avoir pris la mesure de toute cette histoire. Quant à moi, je fulmine en silence contre cette idiote de Sarah que j'aimerais tellement, à cet instant précis, protéger de cette humiliation.

Cette fois, Goéland regarde droit dans les yeux Sarah, pendant que la présidente conclut que cet article ne sortira pas et ne sera même pas écrit, et cela pour le bien de tous. Ceux qui oseraient prendre ce risque seraient considérés comme des criminels de guerre, déclare-t-elle.

La directrice savait qu'en jouant de son autorité elle gagnerait la partie. Elle sent bien qu'elle a fait une entorse à la notion de république, en abusant de son pouvoir d'adulte, mais la république est mise à mal en temps de guerre, et la plupart d'entre nous ne savent pas un millième de ce qui se passe au-dehors. J'en ai une petite idée pour ma part : entre ce que me raconte Pingouin, quand il vient encore au labo, et les informations diffusées par la radio de la cuisinière, je peux imaginer que dehors est un danger constant. Goéland en sait tant qu'elle ne peut accepter le moindre risque, mais j'ai beau en avoir conscience, je la déteste de nous avoir manipulés comme cela ; je ne suis pas dupe une seconde, elle a mis un coup de pied dans notre république, de sa place d'adulte qui, pour finir, a tous les pouvoirs. Je sais pourtant qu'elle a raison et cela vient me titiller sur l'idée d'une république de citoyens, libre et autonome. Est-ce vraiment possible ?

Sarah, malgré sa faim, se lève violemment de table et s'enfuit en courant. Quand nous nous apprêtons à la suivre, Jeannot et moi, Goéland nous intime de nous rasseoir et de dîner. Je suis prête à bondir mais Jeannot attrape ma main et la serre de toutes ses forces, tout en me faisant asseoir. Huguette, notre présidente, soutient le regard de Goéland et rétorque :

– Je crois que vous dépassez maintenant votre rôle, Goéland. Ce qui se passe ne relève plus de vos prérogatives, même si je vous remercie de nous avoir tous alertés sur l'affaire dont nous venons de parler. Jeannot et Rachel, je pense que vous devriez laisser Sarah. Elle a sans doute besoin d'être un peu seule. Mais faites comme bon vous semble.

Je me rassois et mange ma soupe, sans un mot. Le repas n'en finit pas et nous devons, Jeannot et moi, débarrasser le réfectoire pour que Mme Taupe puisse faire la vaisselle avant d'aller se coucher. J'aime bien ces moments, à l'accoutumée, mais ce soir je n'ai qu'une envie, retrouver Sarah et lui donner les bouts de pain que Jeannot et moi avons mis dans nos poches. Pas question que notre amie reste une nuit entière le ventre vide.

Alors que nous rapportons les assiettes et les couverts que chaque élève a pris soin d'empiler en bout de table pour faciliter notre travail, Pingouin nous tend un petit panier d'osier en me recommandant de donner à manger ces morceaux de pain et ce bout de fromage à Sarah – « de gré ou de force », insiste-t-il. Il ajoute avec emphase et l'air faussement courroucé :

– Et vous, mangez ce que vous avez mis dans vos poches ! Ce n'est pas du luxe ! Et c'est un ordre !

Goéland a souri, je l'ai vue, j'en suis sûre. J'imagine qu'elle se félicite une fois de plus d'avoir pris cet homme-là pour mari. S'il n'était pas si vieux et si cabossé, je pourrais presque être jalouse.

Taupe, qui a entendu les derniers mots de Pingouin, nous renvoie haut et fort de la cuisine en affirmant que ce soir elle fait solo, et attend juste que Jeannot et moi déguerpissions.

4

Je frémis encore de ce qui s'est passé ce matin. J'essaie désespérément de le raconter dans mon journal, comme je le fais chaque soir, pour m'entraîner à écrire et trouver ma petite musique, celle qui fera un jour dire aux critiques : Cette reporter/journaliste/écrivain/photographe a une plume et un regard inimitables et reconnaissables, sans aucun doute possible. Je suis persuadée que ce journal de bord est un des premiers pas vers mon grand avenir d'artiste aux multiples casquettes. Ce soir, je reste pourtant sèche devant la page blanche.

J'ai eu si peur que je crains de ne pas parvenir à transcrire cette émotion avec justesse. Et dans ce cas, alors, à quoi bon écrire ? De même que la photographie n'est rien d'autre que l'écriture de la lumière, écrire avec des mots est pour moi un acte qui vient révéler une part de notre ombre, et doit donc être au plus proche de l'être ; trouver les mots, leur donner forme, traduire les émotions brutes en littérature. En littérature… j'aimerais tant écrire des romans ! Je me remémore la matinée, en fermant les yeux, et tente de retracer dans ma tête cette scène terrible, comme si j'étais un narrateur extérieur, pour éviter de me laisser déborder par mon bouleversement.

Si j'arrive à transcrire ce souvenir, dans sa ténuité, avec justesse, je deviendrai un jour un véritable écrivain, j'en suis certaine. Allez, je m'y lance :

Il était neuf heures trente et la cloche qui nous réunit pour les rassemblements généraux s'est mise en branle. Elle n'est pas si souvent utilisée et nous savons qu'à ce son il n'y a pas de temps à perdre, il peut se passer quelque chose d'important, voire quelque chose de grave. Des plus petits aux plus grands, nous nous sommes retrouvés dans le parc, haletants, excités de savoir ce qui nous amenait là. J'avais été surprise, pour ma part, alors que je finissais de me brosser les dents dans la salle de bains du premier étage. J'étais très en retard et m'apprêtais à aller en bibliothèque retrouver Jeannot avec qui je devais faire une recherche sur le fleuve Amazone. Quand j'ai entendu la cloche, j'ai vite posé ma brosse à dents et j'ai dévalé les marches, inquiète et curieuse de ce qui m'attendait. Goéland était debout sous un des plus vieux arbres du parc, un homme en uniforme à sa droite, le dos raide et les bras croisés sur sa poitrine ; un policier, cela ne faisait aucun doute. La directrice regardait les enfants déjà là, sans sourciller, avec ce sérieux et cette dignité qui lui sont habituels. Je me suis glissée près de Sarah, dès que je l'ai repérée, en me faufilant le plus discrètement possible entre les corps tendus.

C'est l'homme qui a pris la parole le premier, d'une voix grave et chaleureuse. Il nous a salués avec emphase. Nous formions une petite foule qui s'était agglutinée devant lui et il nous a demandé de nous mettre en rangs, pour chanter la chanson du Maréchal, et ainsi, a-t-il ajouté, honorer le grand homme.

Les plus petits n'ont pas bien compris ce qu'on nous demandait et se sont tournés vers les enseignantes, qui, elles, ont tout de suite su de quoi il retournait. Sarah, Jeannot et moi aussi avons vite compris. Tous les enfants de France et de Navarre étaient censés connaître et chanter chaque jour cette ode au Maréchal, qui venait servir le culte à la personnalité qu'il entretenait sur tous les fronts. Le Maréchal se prenait pour un roi, et attendait qu'on lui fasse les honneurs dus à son rang.

Comme la plupart de ceux de notre âge de la maison de Sèvres, nous connaissions tous l'air et les premières paroles de ladite chanson, Maréchal, nous voilà, *mais aucun de nous n'avait bien évidemment eu l'envie d'en connaître davantage. Goéland n'avait pu se résoudre à nous apprendre ce qu'elle avait mentionné un jour comme « un ramassis de conneries », alors même pourtant qu'une partie des fonds de fonctionnement de l'école venait de ce gouvernement et donc du fameux Maréchal. Elle a du mal à faire des compromis, et ceux qu'elle fait visent à nous garder en sûreté ; mais cette obligation-là lui a toujours paru démesurée et absurde.*

J'ai compris que l'école allait disparaître, que nous allions nous retrouver aux mains des Allemands et que je risquais de partir dans ce camp dont parlait Sarah depuis plusieurs mois.

Je me suis sentie glacée tout à coup, les doigts ankylosés, le ventre noué, les pieds gourds, certaine de voir le monde s'effondrer dans ce silence, prête à moi-même me laisser tomber par terre, et à me briser comme du verre. Goéland ne disait mot, attendant déjà sans doute la sentence, tout en gardant cette même prestance, le visage haut, le menton décidé, où aucun tremblement ne pouvait se percevoir.

À cet instant pourtant, j'ai compris que la directrice baissait les bras et ne se battrait plus. C'est cela qui m'a terrorisée : assister à la défaite de Goéland, son absence de quelques secondes dans ce parc, près de l'ennemi. Cette femme pour qui j'ai tant d'admiration était prête à se rendre sans même se battre.

C'est Musaraigne, l'institutrice des cours élémentaires, qui a réagi la première. Elle a tourné le dos à l'homme et à Goéland, regardant le groupe, nous a mis en rangs, les uns derrière les autres ; elle a désigné huit d'entre nous, des petits, de son index. Elle les a fait passer devant tout le groupe, jusqu'à ce qu'ils soient en première ligne. Elle s'est tournée, souriante, vers l'homme, en minaudant :

– Je suis la chef de chorale, laissez-moi mettre en place ma troupe et nous sommes à vous.

Les huit pitchouns qu'elle a interpellés étaient arrivés à la Maison au fil des deux derniers mois, ils sont donc nouveaux et je ne connais même pas leurs prénoms, sauf celui de la blondinette, Céline, une petite culottée comme pas deux qui chipe déjà les bouts de pain dans les panières à la cuisine. Je lui ai déjà plusieurs fois couru après, juste pour qu'elle comprenne, mais je lui ai chaque fois laissé croire qu'elle avait réussi à me semer. Je comprends tellement bien la fringale de cette gamine. Je me suis vraiment demandé où Musaraigne voulait en venir en exposant ces petits, a fortiori en première ligne. Je n'ai pas plus compris quand la prof, en nous regardant, derrière les huit enfants, s'est adressée à nous :

– Bon, vous savez bien, nous allons faire comme hier à la répétition. Vous, derrière, à gauche, vous allez faire le bourdon, mmm

mmm mmmm, en la, *comme cela, mmmmm. C'est bon. Allez-y, je vous écoute, de Julie à Martine, oui, mmm mmm mmmmm. Maintenant, à droite, d'Alice à Sylvia, comme hier, vous allez fredonner l'air de la chanson du grand Maréchal. Vous vous souvenez ? Je vous rappelle, lalala lalala lalala lalala lalala…*

Sarah, Jeannot et moi nous sommes regardés, incrédules à ce moment précis. Fredonner, on savait bien qu'on y arriverait. Nous avions entendu cette chanson plusieurs fois dans le poste de radio et nous nous en étions même amusés en inventant des paroles grossières qui nous avaient beaucoup fait rire. Mais ce n'était sans doute pas ce qu'attendait l'homme.

– Quand à vous, mes enfants, vous qui avez les voix les plus mélodieuses de la Maison, vous chanterez cette belle chanson, en hommage à notre cher chef d'État. Vous vous souvenez ? Maréchal, nous voilà…

C'est à ce moment-là que Goéland a dû comprendre. J'ai vu son visage s'allumer d'un coup ; quelque chose dans ses yeux, à la commissure de ses lèvres, un frisson sur ses joues. Elle a repris les choses en main en s'approchant des huit chanteurs et en les encourageant d'un baiser sur les joues, ce qui ne lui ressemblait guère, et je suis certaine qu'à ce moment elle leur a intimé, dans le creux de l'oreille, avec toute la discrétion dont elle est capable, de chanter le plus fort possible.

Musaraigne a donné le départ et j'ai eu la frousse, comme tous les autres sûrement, qu'une catastrophe arrive. Au lieu de cela, les huit petits de devant se sont mis à chanter, à tue-tête, de leurs voix aiguës de bébé soprano : « Maréchal, nous voilà ! Devant toi, le sauveur de la France, Nous jurons, nous, tes gars… Maréchal,

Maréchal, nous voilà ! Tu as lutté sans cesse… » *Encouragés par cet incroyable retournement, les uns ont bourdonné d'un côté, les autres fredonné, et nous y avons mis tout notre cœur et le courage qui naissait de ce chœur improvisé. Et toute notre peur aussi. Musaraigne faisait la chef d'orchestre, un bras levé, battant la mesure, le regard droit, convaincu, tendu vers nous. Musaraigne souriait, les larmes aux yeux. Notre chœur était d'une beauté tellement poignante que l'homme a applaudi dès la dernière note. Goéland, dans l'euphorie du moment, a applaudi avec l'homme, se jurant sûrement qu'elle serait éternellement reconnaissante à Musaraigne, qui, avec bon sens, avait imaginé que ces huit nouveaux avaient forcément appris ce chant, dans les écoles d'où ils venaient. La maison de Sèvres était pour sûr la seule école en France qui ne respectait pas ce diktat du Maréchal. C'est sûrement à ce moment-là que la directrice a décidé que, dès le lendemain, tous dans cette école connaîtraient les paroles de cette ode au malheur. C'est en tout cas ce qu'elle nous a répété plusieurs fois dans la journée.*

Pendant ce temps, Taupe, qui avait observé la scène de loin, est allée dégoter le tableau de Pétain, remis par les autorités dès l'ouverture de l'école, et elle l'a accroché bien en évidence, au-dessus du piano de la salle commune. Elle l'a trouvé au fond de la cuisine où elle l'avait relégué, derrière les sacs en toile de jute de pommes de terre, désespérément vides, avec ce plaisir de profaner l'icône de « la France des vendus », comme elle se plaît souvent à le répéter. Un coup de chiffon sur le portrait, et le militaire avait retrouvé sa superbe ; pendu à un clou, bien en vue, il était prêt pour le dernier contrôle. Elle m'a raconté ça, avec fierté, quand je l'ai croisée, en fin d'après-midi.

Le policier est reparti, il avait l'air content mais je me demande s'il n'a pas eu un petit doute. Tout s'est passé comme il se doit, nous avons fait une interprétation d'une émotion rare, il a été bien accueilli, certes avec un peu de froideur (Goéland n'en a pas fait des tonnes pour lui être agréable, c'est le moins qu'on puisse dire), la photo du Maréchal trônait dans la salle commune, en plein milieu d'un mur un peu décrépi, mais l'image était bien droite et mise en valeur, et pourtant, j'ai du mal à croire qu'il n'ait rien senti de nos peurs, de nos colères, de notre résistance muette. Il doit circuler des bruits sur cette école et son drôle de fonctionnement. En a-t-il entendu parler ?

Quand il a franchi la grille, quand Goéland a refermé à clé derrière lui, quand nous avons vu l'homme s'éloigner dans sa voiture noire, Musaraigne s'est jetée au pied du chêne qui nous a abrités pendant toute cette scène et elle s'est mise à vomir. Cela a duré de longues minutes et nous étions tous pétrifiés, incapables de rompre les rangs qu'elle avait formés. Nous la regardions, effarés, prenant tout à coup la mesure de sa peur à elle. C'est Goéland qui s'est approchée de Musaraigne ; elle est restée dans son dos, a mis une main sur son front, l'autre main sur son épaule et elle l'a accompagnée dans ce mouvement de panique à retardement, en la berçant doucement d'avant en arrière, pendant que jaillissait de sa bouche un liquide qui, j'en ai eu l'intime sensation, était affreusement amer.

Je relis ces quelques lignes et je crois bien que j'ai un beau début de roman. C'est à ce moment-là, alors que je tiens enfin quelque chose, que Sarah débarque dans la chambre pour m'annoncer que nous sommes réquisitionnés avec ceux de notre classe pour nous occuper des petits. Elle ajoute :

– Tous les vieux sont en réunion à la Kommandantur !

Cela me fait sourire : si Goéland savait qu'on appelle son bureau de cette façon, elle serait en rage. C'est avec un peu d'agacement pourtant que je ferme mon journal, juste au moment où il se passait quelque chose d'important pour moi. Depuis le temps que j'attends ce déclic ! Juste au moment où je commence mon premier roman. Photographe, reporter et romancière… Je me vois bien dans toutes ces peaux à la fois. En attendant, je vais juste être bonne à faire le garde-chiourme avec tous ces sales mômes.

5

C'est Jeannot qui a eu l'idée diabolique d'aller espionner les anciens. Il nous a promis de tout nous raconter si nous le laissions libre de s'y prendre comme il l'entendait et si toute notre classe s'engageait à ne pas cafter.

Du côté de Sarah et de mon côté, il n'y avait bien sûr pas de problème, mais certaines filles de la classe ne sont pas forcément très fiables. Leur curiosité les a malgré tout amenées à jurer silence et fidélité à Jeannot. Nous avons vérifié qu'elles ne croisaient pas les doigts dans leur dos, ce qui aurait annulé leur engagement, mais rien, elles avaient trop envie de savoir ce qui se tramait chez les adultes.

Jeannot est parti en courant et s'est glissé dans les toilettes qui jouxtent le bureau de la dirlo. On s'est aperçus, il y a peu, que c'était un lieu stratégique. C'est Sarah qui a découvert ça par hasard : il y avait une épidémie de diarrhées et peu d'entre nous ont été épargnés pendant presque trois jours. Les toilettes de tous les étages étaient prises d'assaut et il était difficile pour certains de tenir le coup en attendant qu'elles se libèrent. Sarah, qui se tordait de douleur, avait alors pensé aux toilettes près du bureau de Goéland et s'y était précipitée, certaine qu'il n'y aurait pas la queue dans cet espace réservé à la directrice. Elle avait alors surpris, sans le vouloir, entre les quatre murs des cabinets, une conversation entre Taupe et Goéland. Elle avait reconnu la voix des deux femmes ; elles évoquaient un réseau de résistance qui avait pris contact avec elles. Sarah était sortie des toilettes, une fois soulagée, et avait préféré de ne pas en entendre davantage. Elle se sentait mal à l'aise d'avoir écouté aux portes, en cachette.

Elle nous avait bien sûr raconté cette histoire et Jeannot, manifestement, l'avait notée dans un coin de son esprit.

Il a donc filé, nous laissant surveiller les petits. Nous avons réuni tous les enfants dans le parc et nous les avons laissés jouer tranquillement. Nous nous sommes installés contre les gros arbres pour être sûrs de bien avoir en ligne de mire toute la marmaille. Nous avons beau râler un peu, nous prenons tous nos responsabilités très au sérieux. C'est quelque chose qu'on apprend vite quand on habite la maison de Sèvres.

Cette réunion est forcément en lien avec l'aventure du matin. Goéland en a pris un coup, je l'ai bien vu ; elle a eu beau garder son flegme habituel, elle a connu un moment de panique. Nous sommes tous sur des charbons ardents, sans toutefois oser parler de ce que nous imaginons : le pire.

C'est Sarah qui se met à chantonner l'hymne au Maréchal en variant quelque peu les paroles. *« Maréchal ! fous l'camp d'là, tu nous as bien assez pompé l'air… »* Nous partons tous d'un énorme fou rire et c'est à qui inventera les paroles les plus ridicules, les plus drôles, les plus insolentes. Les petits jettent un œil vers nous et s'amusent de nous voir rouler par terre en pouffant.

Seules Sarah et moi savons que Jeannot est passé dans la salle de rédaction pour se munir du magnétophone qui nous sert à réaliser des interviews ou bien à enregistrer les bruits de la nature, les chants de la chorale ou encore à réaliser des bandes sonores pour nos projections. Il s'est enfermé dans les toilettes, en collant le microphone et son oreille sur la paroi, pour ne rien perdre de ce qui se trame dans le bureau.

Il se passe plus d'une heure avant que des adultes pointent leur nez dans le parc et nous libèrent de la garde des petits. Sarah et moi filons à la recherche de Jeannot, qui refuse net de nous donner des informations :

– Vous saurez tout ce soir, nous dit-il, tout excité de nous tenir en haleine. En même temps que les autres.

Sarah et moi le plantons là, agacées par sa réaction. C'est elle qui suggère l'idée d'aller donner un coup de main à Taupe.

– Si quelqu'un peut laisser filtrer quelques informations, sans même s'en apercevoir, c'est bien elle. Il suffira de la jouer fine, me dit-elle, déjà ravie à l'idée de damer le pion à Jeannot. Elle sera tellement contente de nous voir que je ne nous donne pas un quart d'heure pour savoir ce qui s'est dit dans cette fichue rencontre d'adultes, et Jeannot pourra bien faire le malin, ce soir nous en saurons déjà autant que lui et, si on se débrouille bien, peut-être même davantage.

C'était bien mal connaître Taupe, qui ne s'est pas laissé avoir comme cela. Elle nous a vues arriver de la fenêtre de la cuisine et a dû sentir le coup venir. Elle a souri et je la soupçonne de s'être promis de nous faire tourner en bourrique, tout en nous faisant éplucher les carottes et quelques oignons qu'elle a réussi à faire pousser l'an dernier dans le potager.

Nous avons eu beau, Sarah et moi, déployer tous nos charmes, la féliciter pour son habileté à cuisiner, à jardiner, à se débrouiller avec des miettes, nous n'avons rien tiré d'elle, pas la plus petite information.

Taupe essuyait ses mains sur son tablier en tentant de cacher son sourire. Chaque fois que nous avons tenté une approche, elle a répondu à côté et nous a promenées avec un plaisir qu'elle a eu peine à dissimuler. Après que nous avons fait tout ce qui pouvait l'avancer pour préparer ce repas et rattraper le retard qu'elle avait pris avec la réunion, elle nous a suggéré de partir jouer un peu dehors et, quand nous nous sommes un peu éloignées, elle nous a lancé à la volée, dans l'encadrement de la porte :

– Merci ! Et n'hésitez pas à revenir quand vous voudrez me poser des questions !

Nous en sommes restées un instant coites. Nous qui avons toujours cru que Taupe était une femme simple qu'on pouvait manipuler à sa guise, cette Taupe dont nous nous moquons gentiment parce qu'elle ne comprend pas toujours tout (ou bien fait semblant de ne pas comprendre ?) s'est fichue de nous pendant pas loin de deux heures en nous faisant travailler, l'air de rien, alors que nous avons déjà largement contribué à notre tour de cuisine-ramassage de la semaine. D'abord éberluées, nous avons fini toutes les deux par éclater de rire en faisant un signe de main à Taupe, qui se frottait les mains de son tour de cochon.

6

C'est seulement tard le soir que nous nous sommes tous retrouvés, avec la classe entière, dans la salle du foyer. Nous avons fait silence en nous asseyant en rond autour du magnétophone. Nous avons écouté les voix rapportées par Jeannot, tout en fixant les bandes s'enrouler régulièrement d'une piste à l'autre.

– L'événement de ce matin est une alerte à ne pas négliger, affirme Goéland. L'étoile jaune est désormais obligatoire pour tous les juifs de plus de six ans, ce qui signifie qu'au moindre contrôle de papiers, si on respecte cette loi, on nous embarque plus du tiers de nos gosses. Or il est clair que jamais, ici, tant que je serai vivante, un enfant ne portera l'étoile. Les nazis ont aligné les chiffres : ils veulent 100 000 déportations de juifs vers l'Allemagne et la Pologne. Le chef de la police française, Bousquet, s'est engagé à aider Hitler dans ce grand nettoyage. Que pensez-vous qu'ils vont faire de ces juifs, là-bas ? Je n'ose pas me l'imaginer. Nous devons prendre des décisions : on m'a confié ces enfants ; leurs parents, pour un certain nombre, ont disparu ou en tout cas ne donnent pas signe de vie, d'autres me font passer des lettres en me suppliant de protéger leurs petits ; je ne peux pas attendre que les nazis nous tombent dessus, il faut agir. Aujourd'hui, nous avons eu de la chance, grâce à vous, Musaraigne, et je ne saurai jamais assez vous en remercier. Mais si ce crétin de policier s'est fait avoir cette fois, nous ne pouvons pas tenter le diable et miser à nouveau sur notre chance et la présence d'esprit de l'un de nous. Vous tous qui êtes ici, êtes-vous prêts à vous mettre dans l'illégalité la plus totale et à risquer vos vies pour sauver ces enfants juifs ? Ceux qui ne se sentent pas capables d'assumer cette mission doivent le dire tout de suite et partir. Je leur demanderai juste, au nom de notre amitié, de la famille que nous avons composée ensemble, au nom de tous ces innocents dont nous avons la charge, de ne rien dire à l'extérieur de ce qui se passe ici. Quand je dis rien dire, c'est vraiment garder le silence le plus total. Personne n'est sûr au-dehors, nous devons nous méfier de tous. La France a tourné sa veste, ne l'oubliez jamais, et Pétain n'est pas le seul traître : il est accompagné d'une foule de citoyens prompts à dénoncer, accuser leurs voisins si cela peut leur rapporter un peu d'argent ou seulement une protection de la police. C'est le moment de vous décider. Qui veut rester ? Ceux qui veulent partir peuvent le faire, là maintenant, je ne leur en voudrai pas, je respecte chacun de vous et je crois en votre droiture. Je comprendrai que certains pensent à leur famille avant tout. Que ceux qui veulent partir le fassent, tout de suite.

Nous sommes tétanisés par cette voix qui crachote dans l'appareil. Aucun d'entre nous ne bouge, le silence s'appuie sur nos têtes un instant, nous laissant immobiles, impuissants. C'est Taupe qui la première reprend la parole, facile à reconnaître avec sa voix un peu rauque et son franc-parler :

– Bon bah, c'est pas tout ça, moi va falloir que j'aille à la popote parce que, sinon, c'est pas les flics qui vont nous faire la révolution mais les gosses avec leur fringale à tout bout de champ. Qu'est-ce qu'on fait ? Comment on s'y prend ? Mon frère, au-dehors, va nous donner un coup de main, il peut peut-être même nous dégoter un gars qui pourrait faire de fausses cartes d'identité aux petiots. Ce serait peut-être une solution, non ? Si on efface tous les noms juifs des papiers d'identité pour les remplacer par des Dupond Durant Martin et compagnie, et pourquoi pas un De Pétain aussi, finis les problèmes, non ? Plus d'étoiles jaunes à coudre aux blouses ? Bon, je vous laisse, vous me raconterez, il faut vraiment que j'aille éplucher ces haricots, ça fait une éternité qu'on n'en a pas eu et j'ai une petite idée de ragoût de haricots et carottes qui pourrait bien nous changer les idées et même nous en donner.

Quelques rires peu identifiables sur la bande, sans doute les autres enseignants et peut-être même Goéland.

Girafe, institutrice de la petite section, prend la parole, timidement, comme d'habitude. On la reconnaît à ce filet de voix à la fois suraigu et fragile. Ses premiers mots sont tout juste audibles derrière les derniers sursauts de rire. Mais le calme revient quand elle avoue qu'elle-même a de faux papiers, qu'elle-même porte un autre prénom que celui qui est inscrit sur ses papiers d'identité. Elle s'appelle Esther, et pas Véronique, ni Girafe d'ailleurs. Plus un frémissement si ce n'est celui de la bande qui tourne dans un léger bruissement, quand elle explique comme elle a peur souvent. On lui a dit qu'elle devrait oublier son vrai nom et elle n'y parvient pas ; elle s'inquiète de devoir un jour répondre à des questions lors d'un interrogatoire. Elle dit dans un souffle qu'elle n'arrive pas à se défaire d'elle-même. Je ne veux pas oublier cette phrase, je la noterai ce soir dans mon cahier. Ne pas vouloir se défaire de soi… Je comprends tellement ce qu'elle veut dire. Je l'entends sourire tout à coup, quand elle évoque le nom qui lui a été donné à la maison de Sèvres. Elle aime bien qu'on l'appelle Girafe, un drôle de nom qui lui va comme un gant. Son long cou de danseuse n'y est pas pour rien. Elle se demande si derrière tous ces noms d'animaux se cachent d'autres enseignants juifs, comme elle. C'est Goéland qui rappelle aux autres que ces noms sont des totems hérités de l'histoire des scouts.

– Les gosses ne sont pas mécontents de nous appeler par des noms d'oiseaux plutôt que de nous donner du madame ou du monsieur, ça, c'est sûr ! Maintenant, si cette petite manie peut aider certains…

Chuchotements et rires diffus sur la bande puis un silence de presque une minute. Nous sommes suspendus, les uns contre les autres, devant le magnétophone, sans un mot, sans aucune réaction visible à ce vide si ce n'est notre attente. Girafe reprend, en se raclant la gorge :

– Comment faire pour que des enfants changent de nom, prennent une nouvelle identité, sans se couper à la moindre question d'un adulte ? Les enfants peuvent-ils vraiment accepter et tenir leur langue devant des adultes qui les interrogeraient ? Pourraient-ils résister aux pressions d'un policier plus de quelques secondes ? Les plus petits comprendront-ils qu'ils doivent oublier leur nom pour en prendre un nouveau, alors que ce sont leurs parents qui le leur ont donné ? Moi-même je me demande si je serais capable de…

Brouhaha indistinct de voix avant que Girafe ne poursuive en affirmant que c'est une idée folle, seulement imaginable pour les adolescents. C'est à son sens bien trop risqué pour les petits.

Je suis prête à penser la même chose qu'elle. Mais Goéland réagit vivement de sa voix puissante, un peu rêche, et met fin à tous les bourdonnements de voix. Pour elle, c'est évident : nous pouvons comprendre, nous, les enfants de la Maison, du plus petit au plus grand. Elle pense que nous avons tellement envie de vivre que cela nous donnera la force nécessaire au mensonge. Elle a confiance en nous, et elle est prête à expliquer à chacun pourquoi et comment ; Elle met tant de foi dans ses mots que j'en suis émue et déjà convaincue. Cette femme croit tellement en nous que c'en est touchant et évident en même temps.

– J'ai suivi de loin les travaux d'une femme qui a écrit une thèse, quelques mois avant le début de la guerre, Françoise Dolto. Je suis allée l'écouter lors d'une conférence autour de son travail de recherche. Elle parle des bébés et de leur force de vie, mais aussi de l'importance du langage, dès les premiers jours de la naissance. Pour elle, les mots des adultes sont nécessaires aux enfants, avant même qu'ils sachent eux-mêmes parler. Même les bébés comprennent à leur façon, et leur façon est la bonne. Ils entendent les paroles des adultes, et ces mots les aident à se construire. Les mots rendent possible ce qui semble impossible à un enfant. Elle affirme que les enfants sont des sujets à part entière : ils comprennent ce qui les concerne et s'en emparent. Elle certifie que les enfants savent ce qui est bon pour eux, et aussi ce qui est mauvais ou dangereux. Elle affirme que les enfants sont des personnes. Je suis certaine, de mon côté, que nos petits aiment assez la vie pour se protéger de la mort.

J'aimerais bien rencontrer un jour cette femme, cette Mme Dolto, elle a tellement conquis Goéland que ce doit être une sacrée femme. Notre directrice n'est pas si impressionnable et les thèses de cette chercheuse semblent confirmer ce qu'elle pense depuis longtemps. Elle nous fait confiance depuis toujours et n'a pas l'intention de perdre cette confiance-là. Elle explique qu'elle nous parlera simplement mais justement.

– Seul le langage nous sauvera de la barbarie, et cela aussi les petits sont en mesure de le saisir. Nous devons leur faire confiance. Et d'ailleurs, avons-nous le choix ?

Elle clôt la discussion en affirmant qu'elle va se renseigner sur ces histoires de papiers d'identité. Nous entendons encore les chaises frotter le sol quand une voix, celle de Kangourou, notre jeune et bel animateur de théâtre et de mime, prend le dessus. Sa voix semble venir du plus profond de lui, je suis toujours troublée de l'entendre, tant sa voix grave résonne dans sa poitrine ; un silence de quelques instants se fait pour l'écouter :

– Je ne m'appelle pas Kangourou, et moi aussi, je cherche l'obscurité, les soirs de shabbat.

Jeannot appuie sur stop et la bande arrête sa danse régulière. Nous sommes tous bouche bée, un peu gênés malgré tout d'avoir volé ces conversations et de devoir faire avec tout ce que nous avons appris en cachette. Rien de très républicain dans notre attitude. Mais en même temps, toute république a ses services secrets !

7

C'est le surlendemain de cette étrange soirée où nous nous sommes séparés sans rien dire, encore empreints des voix, des mots et de notre honte, que certains d'entre nous sont convoqués. Nous sommes une vingtaine, Sarah et moi faisons partie du lot. Pas Jeannot. Pas besoin d'être très malin pour comprendre que seuls les juifs sont concernés par cette réunion.

Jeannot s'est assis sur le rebord du muret du parc, en marmonnant qu'il est dégoûté de ne pas être juif. À le voir au bord des larmes, Sarah et moi lui pardonnons d'un coup la mauvaise blague qu'il nous a faite et nous lui promettons de ne pas être aussi odieuses qu'il l'a été : il sera le premier au courant de ce qui va se passer dans cette réunion.

J'ai pris mon Rolleiflex, ça me rassure de l'avoir entre les mains et, surtout, je compte bien faire quelques photos dans le bureau de Goéland. Je pourrais attraper des moments d'émotion, rien de tel pour avoir de bons clichés. Et, je dois l'avouer, regarder ce qui se passe par le biais de mon viseur me protège de mes propres émotions ; je ne suis pas à l'aise du tout d'en savoir autant sur ce qui a pu se dire lors de la réunion des adultes.

J'aime autant me cacher sans en avoir l'air. Je me suis aperçue depuis peu que ce petit écran me tenait un peu en dehors du monde qui m'entoure et me touche parfois trop. Mon appareil photo s'interpose entre les autres et moi, et je crois que bien souvent cela me convient à merveille.

Mais j'ai une fois de plus mal jugé mon interlocutrice : Goéland ne me laisse pas une seconde l'espoir de rester extérieure à la scène. À peine entrée dans son bureau, elle m'a fait déposer mon Rollei avec demande expresse de le laisser de côté pendant tout l'entretien.

Pingouin, présent dans le bureau, me lance un clin d'œil qui me fait froncer les sourcils. J'ai hésité un instant à lui tirer la langue mais je me suis retenue à temps. La présence de Goéland est malgré tout une sorte de danger, cette femme ne supporte pas qu'on sape son autorité naturelle et je me demande comment elle pourrait réagir dans un véritable accès de colère. Bien sûr, je l'ai déjà vue, comme tout le monde ici, avoir des coups de gueule, des agacements explosifs, mais je ne l'ai jamais vraiment vue dans une grosse colère et je n'aimerais pas que cela arrive. J'ai juste jeté un regard noir à Pingouin, qui m'a répondu par un grand sourire amusé.

Goéland nous explique que nous allons tous, nous les vingt et un élèves présents, changer d'identité.

Un homme va venir nous prendre en photo, il s'installera quelques jours avec son matériel dans la cave de l'école, et il va fabriquer pour chacune et chacun une nouvelle carte d'identité, fausse bien entendu.

Elle nous explique que les lois sont de plus en plus dures pour les juifs. Elle ajoute qu'elle a décidé, avec tout le personnel de la Maison, que c'était la meilleure solution pour l'instant. Nous allons changer de nom et certains de prénom, et nous devrons tous oublier, pendant le temps de la guerre, ceux qui nous ont été donnés par nos parents. Je m'y attendais, comme plusieurs des copines de la classe, et je baisse la tête pour que cela ne se perçoive pas. Par contre, les plus petits sont tellement abasourdis par cette nouvelle qu'ils chuchotent tous en même temps. Maurice demande à voix haute :

– Mais avec les copains et ici, on gardera notre nom ? On va juste le changer pour les Allemands, c'est ça ?

Nous sommes tous atterrés quand Pingouin nous affirme qu'il n'en est pas question. Tout le monde devra nous appeler par nos nouveaux patronymes, y compris les copains. Sinon, comment pourrions-nous nous habituer à ce bouleversement ? Nous devrons tous être capables, en cas de contrôle, de faire croire à la police ou aux Allemands que notre carte d'identité est bien la nôtre, que notre vrai nom est bien celui qui y sera inscrit. Nous serons tous capables de nous retourner, par réflexe, à l'appel de ce nouveau nom. C'est une question de vie ou de mort, nous assène-t-il sans ménagement.

– Vous devrez oublier votre nom et celui de vos parents.

– Je pourrai choisir mon nouveau prénom ? demande

une petite brunette, une des nouvelles qui a chanté l'hymne au Maréchal sans faillir.

Goéland réfléchit un instant, comme si elle n'avait pas pensé à cette possibilité, et propose à ceux qui le souhaitent de choisir leur prénom. Elle nous demande de ne parler de rien de tout cela à nos camarades avant qu'elle n'en donne l'autorisation. Elle nous le dit en fronçant les sourcils, de cet air sévère qui ne souffre aucune réplique.

Comme promis, nous courons retrouver Jeannot dès notre sortie. J'ai récupéré mon appareil et je sens que ça me chatouille : capturer des photos. Je dois me séparer du trop-plein d'émotion qui me tient après cette rencontre, la boule qui prend corps dans mon ventre commence déjà à me faire si mal que je ne vais pas tarder à aller vomir si je ne réagis pas. Sarah va se faire une joie de tout raconter à Jeannot, avec d'autant plus de plaisir que cela nous est interdit ; je peux les laisser et m'échapper un moment.

J'ai ce besoin imminent de me laisser prendre par les images, et de ne pas songer à cette histoire de prénom qui me trouble bien plus que je ne le voudrais.

Ne pas penser à mes parents.

Ne pas me demander comment ils me retrouveront si je ne suis plus moi.

Ne pas me demander s'ils seront fâchés que j'aie moi-même choisi un nouveau prénom, si différent de celui qu'ils ont décidé de me donner, avant ma naissance.

Ne pas me souvenir comment ils ont choisi ce prénom, choisi parce qu'il rimait avec belle et parce qu'il leur rappelait le jour de leur rencontre.

Ne pas penser, aller débusquer la lumière de fin d'après-midi, me couper de toutes ces questions, ne plus entendre Sarah qui hésite entre Sabine, Simone et Sonia, pour être sûre de garder au moins son initiale.

Je sais déjà que je ne choisirai pas mon nouveau prénom, parce que, au fond de moi, je ne veux pas me perdre.

L'homme des papiers s'est installé, comme prévu, à la cave. Quand Sarah et moi avons été appelées pour les photos, nous l'avons trouvé, assis derrière une grande table, occupé à tracer à la main des lettres sur un bout de papier. Il a levé les yeux, il porte de grosses lunettes qu'il a poussées au bout de son nez pour nous regarder. J'ai tout de suite repéré son appareil photo : un Lumirex. Un 6 x 9 avec un objectif Fidor 6,3.

– L'obturateur permet manifestement des combinaisons de vitesses surprenantes, ai-je minaudé en tripotant l'appareil. Et ça aussi c'est incroyable : la mise au point se fait en tournant la lentille frontale, c'est bien cela ?

Je n'en ai jamais vu de pareil et je suis intriguée par ce modèle que j'ai seulement découvert dans un magazine que Pingouin m'a prêté. Je le tourne et le retourne dans mes mains pour sentir le poids, la matière et imaginer ce que je pourrais faire de différent avec cet appareil-là. L'homme, Luc, qui a commencé par me demander de poser immédiatement l'objet, ne tarde pas à comprendre que je ne suis pas une néophyte ; il faut dire que j'en ai rajouté pour l'impressionner un peu, sans parler de cette petite voix que je suis capable de prendre quand je veux attirer l'attention. J'ai remarqué que cela faisait tendre l'oreille à mes interlocuteurs et qu'ils en étaient alors d'autant plus attentifs.

Il me laisse manipuler l'appareil, curieux de savoir ce que j'ai dans la tête. Il n'a pas trop besoin de me pousser pour que je lui raconte comment j'en suis arrivée à la photo et à quel point c'est devenu un bout de ma vie. Je lui tends mon Rollei et je vais chercher en cavalant quelques tirages dont je suis fière. Je regrette de ne pas avoir encore pris le temps de tirer le cliché des danseuses, j'aurais vraiment aimé le lui montrer. Luc est un vrai photographe, c'était son métier avant cette fichue guerre, et je crois bien que je l'étonne pas mal.

Il me parle de mon œil qui sait saisir les images, et même s'il critique mes tirages, en les trouvant parfois assez maladroits, trop systématiquement contrastés, ne tenant pas compte de la particularité de l'exposition ou du sujet, il m'affirme que je pourrais bien avoir du talent, mais que je dois encore travailler la lumière et les scènes en mouvement. Quand il me demande si j'accepterais de le seconder en faisant les portraits pour les cartes d'identité, j'ai l'impression d'entrer dans le monde des grands. Cet homme que je trouve de plus en plus séduisant me fait assez confiance pour me donner une telle mission ! Et il ajoute que cela l'aidera sérieusement et lui fera gagner pas mal de temps... De plus en plus charmant, ce type !

Goéland consultée, je peux enfin dire oui, complètement

excitée à l'idée de pouvoir travailler avec ce professionnel. J'attaque les photos d'identité et propose à Luc de venir développer et tirer au labo, « mon labo », lui ai-je dit, sans vergogne. Il accepte ma proposition avec plaisir, me promettant de me donner quelques conseils au moment du tirage. C'est ainsi que je me retrouve engagée dans cette aventure de changement d'identité, alors que cette idée-là me fait pourtant si peur et même, à dire vrai, me révulse.

Sarah accompagne les plus jeunes dans le studio improvisé, les installe devant une toile noire accrochée au mur pour l'occasion, les câline un moment et se glisse derrière moi pour faire sourire les enfants qui sont chacun à leur tour au bord des larmes, à l'idée de cette photo qui va changer leur vie. Sarah grimace, me fait un bonnet d'âne que je devine aux sourires des petits et amuse la galerie pour apaiser l'atmosphère tellement tendue. Pendant ce temps, Luc tape à la machine, pose de faux tampons, appose des signatures imaginaires sur un papier vierge qui se transforme peu à peu en carte d'identité toute neuve. Il fait alors en sorte de provoquer quelques froissements sur ces cartes pour qu'elles semblent avoir servi déjà. Cette phase est délicate : il ne s'agit pas d'abîmer le travail ni de fabriquer une vieille carte qui n'aurait pas de sens compte tenu de l'âge des enfants. Il ne faut pas non plus que tous les papiers aient l'air de sortir de la fabrication. Il en passe certaines dans l'eau, les « lave » avant de les mettre à sécher entre deux buvards.

C'est lui qui fait mon portrait, pour finir la série que j'ai moi-même réalisée.

Le soir même, nous nous enfermons tous les deux au labo, au développement des films. C'est drôle de sentir cet homme presque inconnu près de moi dans l'espace du labo qui m'est si familier maintenant. Dans le noir, nous nous frôlons et ça me donne la chair de poule, c'est à la fois doux et étrange, chaud et léger. Nous œuvrons dans un presque silence, je devine ses gestes, les devance et je l'assiste comme je peux, en lui passant les produits, en rinçant les cuves avant même qu'il ait demandé quoi que ce soit. De temps à autre, il me fait une recommandation, me donne un conseil et j'écoute, me promettant de tout noter dans mon carnet bleu, dès que je sortirai du labo. Nous nous croisons dans nos infimes déplacements, nos bras se touchent, je sens son souffle sur ma nuque, j'entends chaque mouvement mais je ne parviens pas toujours à anticiper les instants où nos corps se rencontrent furtivement. Nous ne nous voyons pas mais nous nous devinons dans le noir, je suis à fleur de trouble. Quand il me demande quel prénom j'ai choisi pour ma nouvelle identité, je suis complètement désarçonnée, tellement prise dans cette émotion de la proximité de nos corps, maladroite, me cognant à la baignoire ou au placard, moi qui connais pourtant par cœur cet espace du labo. J'ai bizarrement chaud, une chaleur qui me prend de partout, jusqu'à mettre le feu à mes joues qui doivent être affreusement rouges, heureusement que le noir me protège. Je bafouille pour lui expliquer que je préfère qu'on m'en donne un, au hasard, que je n'ai pas la force de me travestir par moi-même.

Il me murmure alors, dans un chuchotement intime, comme il me confierait un secret, que sa petite sœur, Catherine, me ressemble un peu. Elle est, elle aussi, brune et vive, rêveuse et douce, tendre aussi, et belle, comme moi. Je n'ai à cet instant plus hésité à adopter ce prénom : à cause d'une vague ressemblance avec la petite sœur d'un photographe que je ne reverrai sans doute jamais, mais surtout à cause de ces mots qu'il m'a dits… rêveuse, douce, tendre et… belle.

8

Nous découvrons nos nouvelles cartes d'identité : Sabine Lenoir et Catherine Colin. Tout le monde est réuni dans le réfectoire, et Goéland explique en présence de l'ensemble des occupants de la Maison qu'à partir de ce soir il va falloir réapprendre les noms d'un certain nombre d'entre nous. Elle souligne le fait que tous pourraient, s'ils faisaient une erreur au mauvais moment, mettre leurs camarades en grand danger, qu'ils doivent donc, sans exception, du plus petit au plus grand, s'imprégner de notre nouvelle identité. Cela commence à provoquer quelques rires mais Goéland répète juste ces derniers mots :

– Vous êtes responsables de la vie de vos camarades juifs, ne l'oubliez jamais.

Les rires s'estompent, Musaraigne fait l'appel des « nouveaux enfants », en nous demandant de répondre présent, bien fort, en nous levant afin que chacun puisse nous identifier. Cet appel sera instauré, au moins quatre fois par jour, pour que nous nous habituions à répondre mais aussi que nous nous accoutumions aux nouvelles associations corps-nom.

Catherine Colin, Catherine Colin, Catherine Colin, je

m'oblige à répéter mon nouveau patronyme avant de m'endormir mais encore dès mon réveil ou quand je suis dans l'antre noir du labo. Catherine Colin, Sabine Lenoir, Catherine Colin, Sabine Lenoir... Je fais des lignes en écrivant mon nom et celui de Sarah dans mon journal de bord.

– Rachel ! euh... Catherine, vite, je t'en prie, viens ! Arrive en quatrième vitesse à la cuisine, il s'est passé un truc horrible !

Je suis, une fois de plus, en pleine écriture dans mon journal intime quand Sarah-Sabine m'interpelle avec force du rez-de-chaussée, sous la fenêtre. Elle a quelque chose de fêlé dans la voix, une sorte de cassure, de quoi m'inquiéter. Je balance mon cahier sur le lit et descends à toutes jambes à la cuisine rejoindre Taupe, Jeannot, Sarah, Musaraigne et Girafe, accroupis devant le poste à galène de la cuisinière. Une voix de femme, avec gravité, répète les mêmes mots de façon lancinante :

Opération vent printanier : plus de 10 000 juifs ont été arrêtés et sont enfermés au vélodrome d'Hiver, je répète

Opération vent printanier : plus de 10 000 juifs ont été arrêtés et sont enfermés au vélodrome d'Hiver, je répète

Opération vent printanier : plus de 10 000 juifs ont été arrêtés et sont enfermés au vélodrome d'Hiver, je répète...

Nous écoutons tous, dans la cuisine, ces mots ressassés, sans bouger, sidérés par ce code étrange et cette information impensable. Nous restons silencieux, jusqu'au moment où le son déraille, le message est alors brouillé et *La Polka des barbus* retentit, chantée par Maurice Chevalier dont la voix vient recouvrir celle de la femme, jusqu'à faire croire que ce n'était qu'un rêve, un mauvais rêve.

– Barbus, barbus…
Dans un gala plein de réminiscence
Où l'on fêtait l'époque 1900
J'ai revu les frous-frous et les danses
Et Paris au bon vieux temps…

Le chanteur à la mode semble venu d'un autre siècle, du temps où plus de 10 000 juifs n'étaient pas arrêtés au vélodrome d'Hiver, du temps où l'on dansait avec légèreté dans les salons.

Plus de 10 000 juifs enfermés au Vél'd'Hiv, ce grand bâtiment qui accueille les Six Jours de Paris, une grande manifestation sportive qui réunit les ouvriers, les commerçants et tout le petit Paris sur les gradins de brique et de béton ? Ce Vél'd'Hiv qui depuis quelque temps abrite des matchs de boxe avec les plus grands, devant des foules déchaînées ? Tous les Parigots connaissent cette salle, dans le XVe, c'est un lieu où l'on s'amuse, où l'on crie pour encourager les meilleurs, pas une prison pour priver de liberté des femmes, des hommes et des enfants. Maxime, de ma classe, a fait un exposé sur l'architecture de ce bâtiment et je me souviens bien de cette ambiance bon enfant qu'il nous a décrite, en racontant les matchs de boxe, les paris, les sifflements et les vendeuses de cigarettes à la sauvette qui arborent un bouquet de violettes en guise de broche. Nous nous regardons tous, affolés par cette nouvelle qui vient resserrer d'un cran encore la corde qui étrangle les juifs en plein Paris. Goéland, prévenue par Jeannot, arrive en courant et apprend par la bouche de Sarah, qui crie, tant elle est choquée et dépassée :

– Plus de 10 000 juifs arrêtés, plus de 10 000 juifs...

Sans plus réfléchir, la directrice s'adresse à Sarah et à moi :

– Vous allez devoir partir, ce n'est plus possible de vous garder ici. Cela devient trop dangereux. Allez chercher tous ceux qui ont une nouvelle carte d'identité et accompagnez-les dans la salle commune. On ne peut pas attendre. Dépêchez-vous. Vous devez passer en zone libre, le plus vite possible maintenant.

Je ne suis pas sûre de comprendre, je n'ai pas envie de comprendre ce que Goéland veut dire mais nous obéissons toutes les deux, sans plus réfléchir. Cet ordre qu'elle nous donne est presque rassurant, il nous suffit d'obéir, de courir ; nous volons de classe en classe récupérer les enfants juifs pour les envoyer dans la salle commune. Nous y retrouvons Goéland, Pingouin, Musaraigne et Taupe, sans oublier Fourmi, l'économe, Girafe, tremblante et pâle, et Kangourou, les yeux creusés sous son maquillage blanc dégoulinant sur ses joues.

C'est à ce moment que tout bascule. Nous allons devoir quitter la maison de Sèvres. Nos papiers ne tiendront pas le coup ici, en zone occupée, avec toute cette police qui rôde pour attraper du juif et se vendre aux nazis. Goéland connaît un réseau qui va nous envoyer dans toute la France, en attendant que les choses se calment ici. Nous serons tous séparés. Tous, pour éviter de prendre des risques. C'est, selon les membres du réseau, la meilleure façon de changer véritablement d'identité. Tous, ça veut dire que je ne partirai pas avec Sarah.

Cela veut dire que Jeannot va rester là parce qu'il est goy et qu'il ne risque pas les rafles.

Cela veut dire que si nos parents nous cherchent ils ne pourront savoir où nous sommes.

Cela veut dire que si on nous arrête en route on risque le Vél'd'Hiv et après l'Allemagne ou la Pologne.

Cela veut dire que tout s'écroule, que nous ne serons plus personne nulle part tant que nous serons dans cette guerre.

Cela veut dire que je crois bien que j'ai envie de mourir et de ne jamais partir. Cela veut dire que je ne sais pas si je tiendrai le coup. Cela veut dire que je hais cette putain de guerre.

Où vais-je me retrouver ? La zone libre s'étend sur tout le Sud, au-dessous de Vichy. Je peux me retrouver dans les Pyrénées, l'Auvergne, du côté de Marseille, n'importe où et avec qui ? Et Jeannot, est-ce que je le reverrai un jour, et Sarah ? Et papa et maman, est-ce que je les retrouverai, est-ce qu'ils sont au Vél'd'Hiv avec les plus de 10 000 juifs, ou à Drancy, ou en Allemagne, ou bien est-ce qu'ils sont…

J'essaie d'écrire dans mon journal mais impossible d'écrire ces mots qui me font si peur. Impossible de trouver le sommeil.

9

En moins de trois jours, Goéland et Pingouin ont contacté le réseau de l'Œuvre de secours aux enfants, l'OSE, avec lequel ils sont secrètement en liaison depuis plusieurs mois. Ils ont déjà accueilli plusieurs enfants dont les parents ont été déportés en Allemagne, à la demande de cette association. Trois jours pour qu'une équipe de l'OSE arrive à la Maison des enfants et organise les départs. Les membres vérifient que chacun de nous répond bien à sa nouvelle identité et nous expliquent l'importance d'oublier nos vrais noms.

– Vous devez oublier votre nom et votre prénom, vous comprenez cela ? OUBLIER. Sinon, non seulement vous risquez votre vie mais aussi celle des membres du réseau. OUBLIER ! Comment t'appelles-tu, toi ?

À la moindre erreur, un enfant qui donne son ancien nom sans réfléchir ou qui répond à son propre nom, reçoit une claque qui lui laisse une trace brûlante sur la joue. Goéland a bien essayé de s'interposer, mais l'équipe de l'OSE la rembarre ouvertement. Elle n'est plus la directrice dans cet instant. Ce sont eux qui sont aux manœuvres, ce sont eux qui vont maintenant nous accompagner, ce sont eux qui doivent s'assurer qu'aucun d'entre nous ne fera une seule fois l'erreur qui pourrait lui être fatale. Ce sont eux qui vont nous apprendre à oublier notre nom.

– OUBLIER, tu comprends ? OUBLIER !

Non seulement nous devons oublier notre identité mais aussi celle de nos familles. Nous avons à apprendre par cœur le nom d'un père et d'une mère inconnus, d'une ou deux sœurs, d'un frère, de cousins, de cousines… Cette famille qui n'existe pas est censée devenir la nôtre ; les accompagnatrices nous donnent des détails sur la couleur des cheveux de ces personnages de roman, mais aussi sur nos lieux de naissance, les rues autour de la maison où nous avons soi-disant habité, jusqu'à ce départ avec une tante, une cousine, une amie de la famille, celle que sera notre accompagnatrice pour le temps du voyage.

J'ai seulement envie de hurler, d'arracher, de vomir au visage de ces bonnes femmes qui nous assènent des mensonges qu'elles veulent nous obliger à rendre réels. Les plus petits ont peur, sont épuisés, déjà. Sarah en prend un dans ses bras, il a reçu une gifle d'une des accompagnatrices parce qu'il a mal répondu à ses questions. Sarah l'a insultée comme un charretier, tout en consolant le petit dans ses bras. Je suis effarée à l'idée de ces séparations qui s'amorcent, je comprends ce que signifie avoir la gorge nouée, ce n'est pas qu'un stéréotype littéraire, c'est bel et bien une sale douleur qui enferme les mots, les emmure en silence, en serrant les cordes vocales pour en faire des nœuds qui étranglent, coupent le souffle.

Jeannot ne retient pas ses pleurs, accroupi au pied du chêne, notre QG depuis des mois maintenant. Il se sent abandonné, blessé, inutile. Il ne parvient pas à trouver cette légèreté qu'il sait pourtant si bien inventer d'habitude.

Une femme d'une trentaine d'années me tend la main, alors que je suis en train de moucher la petite Sylvie qui n'arrête pas de renifler :

– Hélène Damier, et vous, vous êtes ?

– Catherine Colin, je suppose que vous le savez déjà.

– Enchantée. Nous allons partir toutes les deux. Vous avez bien révisé votre contexte familial, vous êtes capable de me donner votre ancienne adresse, le nom de votre école, ceux de vos parents ? Je vous accompagne dans une nouvelle école, vous verrez, c'est un endroit calme et agréable. Vous vous y ferez vite. C'est une maison tenue par des sœurs, mais je vous expliquerai tout cela en chemin. Il va falloir préparer vos affaires. Ne vous lestez pas trop mais prenez malgré tout des vêtements chauds pour l'hiver qui va arriver dans quelques mois. Nous ne savons pas combien de temps vous serez partie. Prenez un objet qui vous est cher et laissez ce qui pourrait vous encombrer. Nous aurons pas mal de route et, qui sait, vous aurez peut-être encore à déménager. Il faut être prête à tout. J'ai oublié, je suis votre tante, du côté maternel, c'est d'ailleurs pourquoi nous ne portons pas le même nom de famille. Je suis la jeune sœur de votre mère, nous avons dix ans d'écart elle et moi. Elle m'a demandé de vous accompagner parce que j'habite la ferme familiale, près du couvent où vous vous installerez. Et puis elle s'inquiète un peu de tous ces juifs qui traînent dans son quartier, le Marais, et préfère vous isoler de ces gens-là. Elle tient à ce que vous ayez de bonnes fréquentations et, à la campagne, auprès des sœurs, vous serez bien entourée. Dites-moi, jeune fille, vous pouvez me rappeler votre nom et votre adresse ? Et votre père, c'est comment ?

Sarah aussi fait la connaissance de son accompagnatrice, elle est plus âgée qu'Hélène mais semble tout aussi énergique et décidée.

On nous explique que les départs vont être échelonnés et que personne ne connaîtra les destinations exactes des uns et des autres. Les accompagnatrices ont une adresse chacune et n'en savent pas plus sur les autres destinations.

– Moins on en sait, moins on risque de faire de dégâts quand on est arrêté, précise Hélène. C'est une règle à toujours avoir en tête quand on est dans la Résistance.

C'est seulement à ce moment-là que je comprends que tous ces gens de l'OSE sont des résistants. J'en avais presque oublié leur raison d'être en voyant ces femmes si dures, tellement implacables. Je me sens idiote tout à coup, je les déteste depuis le premier instant, je les ai taxées d'inhumanité et même de sadisme un bon nombre de fois, et j'ai juste oublié qu'elles risquent leur vie, pour moi, pour nous tous, en étant là et en nous accompagnant à travers la France avec de faux papiers. Je me sens ridicule et honteuse quand je murmure à Hélène, trop doucement :

– Merci.

Sarah et moi devons partir dès demain. On laisse un peu plus de temps aux plus petits pour qu'ils s'habituent à leur accompagnatrice et que celle-ci soit sûre que l'enfant sera capable de décliner son nouveau pedigree, à chaque contrôle. C'est notre tour de faire notre baluchon ; j'hésite à prendre quelques livres et les photos de mes parents. Je mets le Rollei dans son étui et descends le ranger dans l'armoire de la grande salle.

L'armoire aux trésors... Je me souviens de la première fois, quand Goéland l'a ouverte. L'idée de ne plus pouvoir faire de photos m'est inconcevable. Je ne parviens pas à imaginer un instant que ce temps-là est fini pour moi.

Je ne serai donc jamais cette grande photographe-reporter-écrivain-voyageuse. Je ne suis même pas si sûre d'être encore vivante dans les semaines à venir. Traverser la France pour aller en zone libre donne de multiples occasions à la police et aux Allemands de nous arrêter.

Je suis en train de refermer, en retenant ma colère, l'armoire vitrée à clé quand Goéland entre dans la salle et me demande ce que je fais. Je lui montre du doigt l'appareil photo rangé à côté des autres. Goéland me prend d'autorité la clé des mains, sort le Rollei, se baisse pour chercher des films, dans le tiroir du bas, sort une douzaine de bobines qu'elle me tend. Je n'ose y croire.

– Pingouin t'a donné le rôle de photographe de la Maison : tu n'y dérogeras donc pas. Tu pars ? Fais des photos, collecte des images et rapporte-nous tout cela à la fin de la guerre. Nous en aurons besoin. À toi de fixer les moments importants de l'Histoire. Va, regarde le monde avec tes yeux d'artiste, de citoyenne de la République des enfants, ne perds rien. Nous aurons tous besoin de ces souvenirs quand la guerre sera finie. N'oublie pas ce que je t'ai appris, ce que tes instituteurs t'ont appris. Nous avons chacun à expérimenter par nous-même la vie et c'est à chacun de nous d'y trouver des enseignements. Prends bien soin de tes films. Tu ne pourras sans doute pas les développer ni les tirer, mais ce n'est pas grave, range-les précieusement dans ton sac. Déleste-toi d'objets inutiles mais essaie de ne jamais égarer tes films. Après cette foutue guerre, il ne faudra pas oublier et tu pourras, avec tes images, témoigner du quotidien de ces années. Tes photos auront leur place à la bibliothèque mais aussi peut-être dans des journaux, dans un livre, un musée ? Tu as une mission, comme moi j'en ai une. Aie bien cela en tête et garde ta tête sur tes épaules. Tu vas sans doute traverser des moments douloureux mais, tant que tu es en vie, accroche-toi, ma belle Rachel, euh, je veux dire Catherine…

Je n'aurais jamais imaginé faire cela mais je tombe littéralement dans les bras de Goéland, qui, déboussolée, se laisse embrasser sans se défendre. Ce n'est pourtant pas son genre. Elle évite en général consciencieusement toute effusion et gestes d'émotion. Et d'ailleurs qui aurait envie de l'embrasser ? Elle est bien trop impressionnante, bien trop rêche pour qu'on puisse avoir envie de l'approcher de si près. Mais là, ça a été plus fort que moi, une sorte d'élan impossible à retenir, et je l'ai surprise autant que je me suis surprise moi-même. Il nous a fallu plusieurs minutes pour nous reprendre, c'est elle qui s'est écartée la première, avec brusquerie. J'aurais pu pour ma part faire durer encore ce plaisir d'être dans ses bras. Il est tellement loin, ce temps où ma mère me serrait contre elle. Goéland me renvoie sans aménité dans ma chambre finir mes préparatifs ; je crois bien qu'elle n'aime pas l'idée de s'être laissée aller… et d'y penser, j'en ris toute seule !

Je croise dans le couloir Pingouin, qui, me dit-il, m'a vue entrer dans la salle commune de sa fenêtre et me cherchait justement. Il sort de sa poche un petit boîtier en cuir brun et me le tend :

– C'est un posemètre, le dernier modèle d'Ikophot. Il t'aidera à mesurer la lumière avant tes prises de vue. Pour l'instant, tu y vas à l'instinct, et j'avoue que tu t'en tires plutôt bien, mais ce sera bientôt insuffisant. Tu es en voie de devenir une professionnelle, il te faut maintenant du matériel de précision. Je te laisse la notice, tu t'en débrouilleras très bien, j'en suis sûr. Dès que tu rentres à la Maison, on se met tous les deux au développement et aux tirages de tes films, je te le promets. Laisse-moi t'embrasser, ma petite, viens, dis-moi qu'on se retrouvera, dis-le-moi.

Je remonte dans la chambre toute retournée par ces effusions tellement inattendues, le Rollei bien serré dans une main, le posemètre dans l'autre et les films dans les deux poches de ma blouse.

Je me promets à cet instant précis de mériter leur

confiance. Je rapporterai cet appareil, le remettrai en main propre à Pingouin et je raconterai au monde entier ma guerre à moi, en images. Je jure devant Sarah que je m'engage à tout cela. C'est à elle de me tomber à son tour dans les bras. Rien à se dire, trop de larmes à laisser couler. Nous décidons de dormir dans le même lit cette nuit. L'une contre l'autre, dans le lit du bas, et nous cherchons tous les mots que nous avons à nous dire avant de partir. Je ne veux pas rater cette séparation-là, je sais trop déjà, comme Sarah le sait aussi, ce que signifient le manque et l'absence. Nous finissons pourtant par nous endormir, en nous tenant la main, pour s'accrocher l'une à l'autre et partager notre force, notre amour et faire front à nos peurs.

À sept heures du matin, alors que le jour est encore ensommeillé, nous partons avec notre accompagnatrice, vers des gares différentes, sous les yeux de Jeannot, qui nous offre une dernière pirouette, salto arrière et cri de Tarzan, en retenant, j'en suis certaine, le sanglot qui s'engouffre dans sa gorge. Courageux Jeannot. J'ai tellement peur pour lui. Je sais ce qu'est être abandonnée par ceux qu'on aime, cette impuissance, cette douleur.

Goéland nous a glissé quelques mots tout doucement, après nous avoir embrassées, avec beaucoup de retenue cette fois. Avant de refermer la grille sur Sarah, nos deux accompagnatrices et moi.

– Ne vous inquiétez pas pour Jeannot. Nous ne pouvons pas nous permettre de pleurnicher, la guerre finira un jour, vous vous retrouverez, ne vous en faites pas pour lui. En vous attendant, je vais lui demander de m'aider à faire tourner cette Maison qui part dans tous les sens. Moi aussi j'aurais bien besoin de temps en temps qu'il me fasse quelques pirouettes pour me détendre un peu. J'ai entendu dire qu'il était très bon pour les imitations et que je l'inspire particulièrement ; j'espère qu'il me montrera ça. Il paraît même qu'il a un certain talent pour fabriquer des chapeaux... J'ai des milliers de choses à faire, il m'aidera, il nous aidera, et ça l'aidera aussi. Ne vous inquiétez pas. Partez, oubliez vos noms le temps de la guerre, prenez soin de vous, toujours.

Sarah a tourné au coin de la rue, je me mords la lèvre du haut et accorde mon pas à celui d'Hélène. Je pars et déjà je dois apprendre à ne pas me retourner.

10

Hélène et moi nous serrons l'une contre l'autre aussi fort, aussi tendrement, aussi tristement que possible ; il est temps pour elle de repartir. Elle a encore pas mal d'enfants à faire passer. Notre voyage s'est déroulé sans encombre, presque miraculeusement. Nos papiers d'identité n'ont soulevé aucune question et nous n'avons même pas eu à expliquer ce que nous faisions ensemble. Les militaires, allemands et français, que nous avons rencontrés ont été agréables, voire même gentils, touchés sans doute par nos allures modestes et peut-être aussi par notre jeunesse et nos sourires.

J'ai vite compris, en regardant Hélène, qu'il fallait flatter le regard des hommes, rire à leurs plaisanteries, pourtant souvent bien lourdes à mon goût. Hélène n'a pas eu à m'expliquer, quand on est une fille, et une fille qui se cache, mieux vaut séduire les hommes, sans pour autant en faire trop. Être intimidée, et les rendre ainsi grands et forts, baisser les yeux avec modestie mais croiser leur regard sans le fuir, sourire et rire à leurs mots, répondre avec douceur, mettre un peu de miel dans les échanges, sans que cela dégouline non plus. Une belle leçon de guerre que ce voyage avec

Hélène. Je sais déjà que je ne suis pas près d'oublier tout cela : être une femme peut s'avérer une arme douce et efficace qu'il ne faut pas hésiter à utiliser en ces temps confus.

Nous avons parlé tout au long de ce voyage, qui a duré presque deux jours, de ce que nous aimerions faire après la guerre, des livres que nous avons dévorés, des recettes de gâteaux de nos grands-mères respectives, et j'ai senti à ce moment précis qu'Hélène était elle aussi une autre, profondément blessée par cette guerre. Je ne lui ai pas posé de questions mais nous avons compris toutes les deux ce que nous traversions, chacune de son côté. Sans rien se dire de ce qui nous touchait le plus à ce moment-là de nos vies, sans évoquer nos séparations, disparitions, deuils, manques, peurs, nous avons tendu un fil entre nos deux corps, quelque chose d'invisible et d'une force rare.

Nous avons circulé en voiture jusqu'à Nevers, et là nous avons attrapé un car qui nous a conduites à Riom, juste avant Clermont-Ferrand, traversant ainsi une partie de la France. Les paysages ont défilé comme un bruit de fond derrière nos mots pudiques et ceux qui se cachaient sous le flot ininterrompu de notre conversation. Il y a eu quelques contrôles de police, trois barrages, mais étrangement nous n'avons même pas eu le temps d'avoir peur, trop occupées à sourire et à rougir des mots des soldats. Nous n'avons pas non plus dormi, tendues l'une vers l'autre et sans doute trop attentives à tout ce qui pouvait survenir de l'extérieur pour nous laisser aller au sommeil. Le temps s'est compacté entre nous, formant une protection mais aussi un espace de tendresse, où l'amitié a pointé son nez. Si peu d'heures et tant de temps, ai-je écrit plus tard dans mon nouveau cahier. J'ai en effet décidé que je ne pouvais pas prendre le risque d'emporter mon journal de bord. Je l'ai enfermé dans une des armoires du labo, espérant que personne n'irait le trouver là. Je sais déjà que mon nouveau journal devra être opaque, à la frange de l'intime, sans jamais donner d'information, au cas où un ennemi le lirait. Je sais déjà que ce cahier-là est une page tournée dans ma vie. Mes émotions vont devoir être invisibles à l'œil nu, je vais devoir les dissimuler sous des voiles que moi seule serai capable de soulever. Pas question d'arrêter d'écrire. Je vais être obligée d'inventer une langue, écrire court et jouer de la métaphore sera sûrement un bon exercice de style : qui peut dire qu'un jour je ne serai pas celle que je rêve de devenir ?

Un vieux bonhomme, casquette enfoncée sur les yeux, clope au bec et les joues tombantes, m'attend, assis sur sa charrette. Hélène le repère vite, lui fait un petit signe et m'accompagne jusqu'à la carriole. L'homme hausse vaguement les sourcils, ce qui doit être une forme de salut, j'imagine. Je balbutie « bonjour monsieur », un peu désarçonnée par cet accueil glacial. Hélène m'explique que cet homme, monsieur Lucas, va me déposer à Saint-Eustache, un village qui abrite une pension de jeunes filles catholiques. Elle me glisse à l'oreille, avant de me laisser partir, que je ne dois pas me fier aux apparences. Je peux faire confiance à cet homme et aussi aux sœurs que je vais bientôt rencontrer. Elle ajoute, en me serrant plus fort dans ses bras, qu'elle ne m'oubliera jamais et qu'un jour nous nous retrouverons. Je ferme les yeux, tout à coup consciente que je vais me retrouver seule, pour de bon. L'avenir me semble obscur et effrayant.

Assise dans la charrette, à l'arrière, derrière quelques ballots de foin, les jambes pendantes au bord du vide, alors que l'homme aux allures de paysan fouette mollement le cheval de trait qui nous embarque, je sors mon Rollei et prends une photo d'Hélène, au moment où elle me fait un signe de la main au-dessus de sa tête. Je prends une deuxième photo quand elle tourne le dos et qu'elle ramasse son sac, posé à sa droite, pour reprendre le chemin de la gare routière. Dans ce départ, sur cette photo pas encore née, je devine que j'ai saisi chez ma compagne de route un mouvement infime, entre tristesse pesante et force que donne la nécessité d'agir. Le simple geste de cette femme qui soulève sa valise est la première image qui me restera de mon long périple dans la guerre ; c'est en tout cas pour l'instant la seule preuve tangible de mon exil.

À la pension, je suis reçue par sœur Marie, une vieille femme d'un abord dynamique et enjoué. Elle me fait faire le tour de l'ancien monastère, par le cloître, dont le centre est une cour intérieure, transformée en potager bien entretenu où serpentent quelques cucurbitacées et pointent les verts divers des poireaux, des fanes de carottes et de navets. Sœur Marie m'explique que les jeunes filles s'occupent du potager, qu'il s'agit d'une activité importante de leur semaine. Je n'hésite pas une seconde à lui répondre que je connais bien cette forme de pédagogie, que j'ai fréquentée à Sèvres et que là-bas… La sœur fronce les sourcils et, d'une voix à la fois basse et cinglante, m'intime de me taire :

– Je ne vois pas de quoi vous parlez, ma fille. Vos parents vous ont confiée à nous pour vous donner une éducation religieuse et vous apprendre les principes et les valeurs de la morale chrétienne. Il ne s'agit pas de pédagogie mais d'éducation et de morale. Continuons notre tour, et je vous prie de ne plus me raconter de mensonges sur votre passé proche.

Je me sens à la fois blessée, humiliée et en colère contre moi. J'ai fait une grossière erreur. La maison de Sèvres n'existe plus, je dois faire semblant de tout oublier, faire table rase de ce que j'ai laissé là-bas. Table rase de l'amitié, de l'amour, du plaisir et de la joie, sans doute aussi. Heureusement, aucune machine ne pourra contrôler ce qui se passe dans ma tête. Cette brève remarque de la sœur m'a rappelée à l'ordre. Je m'en souviendrai, j'en suis certaine, mais personne ne m'empêchera de me rappeler et de faire pousser dans ma mémoire ces moments de ma vie.

Je sens que je vais détester cet endroit. Les salles de classe ressemblent à ce que j'ai connu avant d'arriver à Sèvres. Petites, étriquées, les tables rangées en rangs d'oignons, les filles le nez penché sur leurs cahiers, trempant leur plume dans l'encrier, en haut à droite de leur table de bois à laquelle la chaise est accrochée, empêchant le moindre mouvement ou balancement. C'est ici l'extrême contraire de ce que j'ai connu ces derniers mois. À Sèvres, les salles étaient grandes, claires, sans tableau noir ni alignement, on pouvait bouger les meubles, s'installer par petits groupes ou bien organiser une salle de conférences ; dans ce pensionnat, tout est figé, arrêté, rien ne semble pouvoir être déplacé, dans une pénombre fraîche, l'espace est refermé sur cette cour intérieure sans arbres. Il n'y a même pas de cour de récréation, comme à l'école communale. Ici, c'est le cloître qui fait office de lieu de repos – j'ai du mal à croire que ce soit une aire de jeux –, et tout doit sûrement se passer sous l'œil vigilant des sœurs.

Quand je pense à tous les buissons, à toutes ces petites cachettes au fond du parc ou derrière le château, à tous ces lieux secrets où nous pouvions nous retrouver, Sarah, Jeannot et moi, j'ai l'impression d'être ici dans un quartier pénitentiaire, sous haute surveillance. Je vais devoir être vigilante et ne pas oublier qu'il est possible de vivre dans un monde ouvert et joyeux. Mais ce n'est pas l'heure, j'en ai peur, je vais devoir apprendre ici une autre façon de vivre.

La sœur s'est radoucie depuis sa remarque acerbe, je crois bien qu'elle s'est calmée, elle me montre les lieux communs : salle d'étude, réfectoire, dortoirs, salle de prières et la chapelle.

Je commence à peine à dire quelques mots :

– Mais je ne…

La sœur me coupe la parole pour poursuivre cette phrase en suspens :

– Oui, je sais, vous ne communiez pas encore, votre mère m'a prévenue. Ne vous inquiétez pas, nous préparons les communions solennelles depuis quelques semaines déjà.

Nous vous intégrerons au groupe de catéchisme, pour que vous soyez prête pour le grand jour.

Je ne comprends rien à ce qu'elle me raconte. Communier… Catéchisme… Ces mots me laissent perplexe. Je sais bien que tout cela a à voir avec la religion catholique, qu'il s'agit d'un événement à préparer. Cette bonne sœur est-elle en train de me dire que je vais faire une sorte de Bat Mitzvah chrétienne ? Est-ce qu'elle se rend compte que je ne connais pas une seule prière et que tout ce que je sais des catholiques, c'est qu'ils accusent les juifs d'avoir tué Jésus, le fils de leur Dieu ? J'ai déjà fait ma Bat Mitzvah, c'était une grande fête, surtout une belle occasion de m'amuser et de voir ma famille, plus qu'un véritable acte de foi. Je ne me souviens même plus des prières que j'ai apprises pour l'occasion. Pas trop envie de poser de questions à cette sœur Marie. Je la crois bien capable de passer du sourire tendre qu'elle arbore pour l'instant au regard flingueur d'une tenancière de saloon des westerns, comme dans *Le Cheval de fer*, le film de John Ford que nous sommes allés voir au cinéma Palace, avec mes parents, avant cette foutue guerre.

La sœur m'accompagne au dortoir et me propose de ranger mes affaires dans une petite bonnetière que je partagerai désormais avec trois autres filles. Elle m'annonce que c'est bientôt l'heure de dîner et je me rends compte que j'ai vraiment très faim. Ce voyage avec Hélène nous a tellement tenues en haleine que nous avons grignoté les casse-croûte que Taupe nous a préparés avec indifférence et sans ressentir à aucun moment cette sensation de faim pourtant familière.

Sœur Marie me laisse seule, le temps de ranger mes affaires et de faire mon lit. On m'a déposé des draps de lin blanc, bien pliés, avec une petite couverture de laine et un oreiller minuscule. J'ai à peine le temps de m'allonger un peu, une fois mon lit fait. Sans bouger, il est agréable, voire confortable, surtout après cette dernière nuit assise dans le car. Au moindre mouvement, pourtant, le sommier grince avec ardeur. Six autres lits sont alignés dans ce dortoir. J'ai déjà repéré les sanitaires : de longs lavabos communs qui se font face et des toilettes aux portes trop courtes, qui laissent voir les pieds, comme ceux de mon école, il y a maintenant bien longtemps, me semble-t-il.

C'est une fille, Agnès, qui vient me chercher pour m'accompagner au réfectoire. Elle me tend la main et m'annonce qu'elle est aussi ma voisine de lit et d'armoire. Nous avons le même âge, et Agnès est là depuis presque deux ans ; dans un français assez peu châtié, elle me donne ses conseils d'ancienne avec conviction :

– Une bonne taule si tu te fiches des sœurs les plus chiantes. Quand elles commencent à baragouiner, tu fais comme si tu les écoutais, tu fais oui avec ta tête et tu es vite tranquille. Pas la peine de leur répondre ; c'est ce que je faisais au début, quand je suis arrivée, mais tu es toujours perdante à ce jeu. Elles t'envoient au lit sans manger en te donnant un tas de prières à faire, et ça ne leur suffit pas, le lendemain, tu es convoquée chez la mère supérieure à qui tu dois faire des excuses avant d'aller encore t'excuser auprès de la sœur que t'as envoyée balader. J'ai compris, je fais mmm, et je baisse la tête pour ne pas regarder leurs tronches quand elles te sermonnent. Il faut savoir qu'elles t'appellent « ma fille » à tout bout de champ quand elles sont énervées, et moi, j'aime vraiment pas ça. Si je les regardais à ce moment-là, je pourrais pas m'empêcher de leur dire ce que je pense d'elles, ces vieilles pies qu'ont pas eu de gosses et qui m'appellent ma fille. Tu fais profil bas, tu fermes ton clapet et dans l'ensemble, si on se débrouille bien, on peut avoir la belle vie ici. Et puis tu verras, on mange bien. Tu as déjà vu la sœur Marie, c'est elle qui m'a dit de venir te prendre. Elle est sympa. Des fois, elle fait les gros yeux et change de voix mais ça ne dure jamais. Je crois bien qu'elle a dû faire du théâtre et elle s'amuse un peu de temps en temps à jouer des rôles. Dans le fond, celle-là, c'est une bonne pâte.

On mange bien ici… Je reste sur cette phrase et j'ai presque du mal à écouter la suite. Phrase magique… Ce lieu n'est peut-être pas si monstrueux, au fond. Je suis d'un pas vif ma nouvelle camarade à la langue bien pendue et à la gouaille plutôt rigolote, en ce fin fond de l'Auvergne.

Le réfectoire n'a rien à voir avec celui du château. Vieilles tables de chêne, longues poutres saillantes au plafond, les murs sont en pierres apparentes. Cette salle est d'une beauté à couper le souffle. Pas franchement moderne, c'est sûr, mais habitée par quelque chose de doux que je ne pourrais pas vraiment définir. Les tables forment un grand cercle et, pour fermer ce cercle, la table des adultes trône, un peu surélevée sur une petite estrade. Quand nous entrons dans la pièce, toutes les filles sont debout, comme au garde-à-vous, à droite de leur chaise. Les sœurs sont assises à leur table. L'une d'elles, la plus âgée, se lève à notre arrivée. Agnès me chuchote en se penchant vers moi :

– Elle, c'est la vioque, la mère supérieure. Baisse le nez quand elle te cause, sinon elle va te faire une remarque devant tout le monde.

– Je tiens à souhaiter la bienvenue à notre nouvelle arrivée, Catherine Colin. Elle nous vient de Paris. Ses parents, que je connais bien, nous l'ont envoyée pour qu'elle continue ses études dans un lieu sûr, afin d'être éduquée dans la morale chrétienne. Accueillez bien cette nouvelle sœur pour vous, ne la laissez pas s'égarer dans notre couvent, soyez généreuse avec elle qui a quitté sa famille depuis peu et se retrouve seule ici, sans connaître personne. Je compte sur chacune de vous. Nous dirons le bénédicité, puis vous pourrez vous asseoir. Recueillons-nous un instant pour tous ceux qui sont aujourd'hui dans la peine et loin de Dieu : Bénissez-nous, Seigneur, bénissez ce repas, ceux qui l'ont préparé…

Je ne suis manifestement pas au bout de mes surprises, et j'en ai assez de cette prière alors que sur la table fume déjà une soupe qui a un parfum que je ne connais pas mais qui me fait saliver. J'ai dans la bouche une envie, un besoin de ce plat si odorant et je vais craquer si ce cirque ne finit pas très vite. J'ai tellement faim. Quand finalement nous nous asseyons, je demande discrètement à ma voisine ce qui donne un tel parfum à cette soupe de légumes. La fille me répond en haussant les sourcils, comme si elle s'adressait à une demeurée :

– Ben du lard ! Vous connaissez pas ça à Paris ? Si t'en veux pas, tu me donnes ta part.

Jamais à Sèvres on ne nous a servi de porc, comme si c'était une évidence. Je n'en ai jamais mangé, ça ne se fait pas dans ma famille et je sais bien que c'est une interdiction dans la religion à laquelle je suis censée appartenir. Je n'hésite cependant pas bien longtemps et je ne regrette pas ma décision : cette viande à la chair rose m'emplit l'estomac plus vite que je ne me le serais imaginé, tant je suis affamée. Soupe à la viande, salade verte et compote de pommes avec une madeleine ! Cela fait bien longtemps que je ne suis pas sortie de table ainsi rassasiée, l'estomac enfin apaisé.

Je ne tarde pas à m'endormir, après avoir écrit quelques mots dans mon carnet : *« Ce lieu me tourne la tête mais me remplit le ventre. Est-ce que j'y trouverai une petite place ? Et des amies ? Comment va Sabine, ce soir ? Où est-elle ? »*

Dès le saut du lit, je suis prise en charge par Blandine, une fille bien plus policée qu'Agnès. Elle s'exprime doucement, avec une rigueur et une délicatesse fleurie dignes du XIXe siècle.

À la demande de la mère supérieure, elle m'accompagnera cette semaine et me facilitera la tâche pour que je comprenne bien les règles du couvent. Elle commence par m'emmener petit-déjeuner et je suis ébahie par ce qui nous attend : chocolat chaud et sucré, du vrai sucre, pas cette saccharine écœurante dont j'ai pris l'habitude à Sèvres, tartines beurre confiture et, cerise sur le gâteau, un morceau de fromage fabriqué par les sœurs, une tomme tendre et douce qui fond dans la bouche. De quoi démarrer la journée de bonne humeur.

Les cours sont malheureusement beaucoup moins excitants, et la journée me paraît horriblement longue. La sœur Emmanuelle passe du latin au grec, évoque la littérature des pères découvreurs du XVe siècle avant d'aborder le théorème de Pythagore. Je ne m'étais pas trompée : hormis la cuisine, tout s'est arrêté ici. Langue morte, propos de colonisateurs, mathématicien antique, je ne comprends pas la moitié de ce que dit la sœur et je ne trouve aucun plaisir à copier sur un cahier ce que l'institutrice écrit au tableau après avoir mollement fait son cours. Sans parler de l'encrier, un cauchemar pour moi qui suis gauchère. Cela m'a gâché toutes mes premières années d'école : la main gauche passe et repasse sur l'encre fraîche et laisse des pâtés immondes sur la feuille. Je croyais en avoir fini pour le reste de ma vie avec ces porte-plumes et cette encre bleue. À Sèvres, on m'a laissée écrire avec le stylo à bille que m'a offert mon père, pour mon anniversaire. C'est une invention dernier cri qu'il a fait venir spécialement des États-Unis pour moi. Musaraigne m'a même fait cadeau d'une recharge quand mon stylo s'est vidé. Je ne sais pas où elle l'a dégotée et elle n'a rien voulu me dire là-dessus. Ici, je dois tremper ma plume dans l'encrier, à droite, en haut de la table. J'ai la sensation d'un retour en arrière à cent quatre-vingts degrés. L'école, et tout son lot d'obligations et de tortures, est de retour. Apprendre ne va pas tarder à redevenir une angoisse, je le sens. Agnès m'a suggéré de baisser la tête et d'acquiescer. C'est ce que je ferai. Mais cela va être douloureux, et les semaines vont être interminables. Combien de temps va durer cette guerre ? Et si elle ne s'arrêtait jamais ? Et si je devais passer ma vie au couvent de Saint-Eustache ? Deviendrai-je un jour une de ces vieilles femmes en robe noire et cornette blanche plus ou moins douce, plus ou moins ronchon ? Et catholique ?

Ce sont, contrairement à ce que j'ai pu m'imaginer, les cours de religion qui m'ennuient le moins. La sœur Marie a le chic pour raconter les histoires de la Bible ; elle y met tant d'énergie, et sans doute aussi de foi, que les pages les plus indigestes du livre sacré deviennent des aventures épiques. À peu de chose près, cela vaut presque un bon film au cinéma. La bonne nouvelle est que chaque jour d'école se clôt par une heure avec sœur Marie et ses histoires. Rien de tel pour dissiper cette tristesse qui me tombe sur les épaules au fil des heures.

Pour les plus grandes, dont je fais partie, le catéchisme commence à vingt heures, après le repas. Malheureusement ce n'est pas Marie mais sœur Henriette qui a en charge cet enseignement et c'est beaucoup moins drôle. Je marmonne les prières en bougeant les lèvres comme les autres. Je commence à connaître, après une semaine à ce régime, le Pater Noster et le Je vous salue Marie pleine de grâce, qui semblent être les deux incontournables. Je ne comprends pas grand-chose aux explications sur le mystère trinitaire, la divinité et l'humanité du Christ, le saint sacrement, le credo… et j'ânonne derrière les autres sans chercher plus avant à saisir ce qui se passe. Je me contrefiche de ces cours, je serre les dents et je me débrouille avec tout cela. Quand je ferme les yeux, j'arrive à voir des images que je fabrique de toutes pièces. J'invente des scènes de retrouvailles avec mes parents, Sarah, Jeannot, je me vois au labo, tirant des photos extraordinaires.

En fin de journée, comme les autres, j'attends avec impatience d'aller me promener dans le cloître. Plus tard, j'aime me coucher avec un livre ou bien parler avec Agnès, de lit à lit. Mais chaque soir on doit pendant plus d'une heure entendre parler de catéchèse et de salut (qu'est-ce que cela veut dire ? Je n'en sais rien mais n'éprouve pour autant pas le besoin d'aller chercher dans un dictionnaire ou de demander plus d'explications à la sœur : ça m'est totalement égal).

J'aime bien Agnès ; elle me fait des clins d'œil à tout moment de la journée, derrière le dos de Blandine et des sœurs. Blandine n'est franchement pas drôle, elle ne m'est pas très sympathique d'ailleurs. Je ne sens rien chez cette fille sinon une politesse exacerbée et une sorte d'indifférence aux autres qui me met mal à l'aise. Je ne l'ai pas encore vue sourire.

Nous nous retrouvons vraiment tranquillement, avec Agnès, le soir, après le caté. Les sœurs accordent aux plus grandes une heure et demie, si nous ne faisons pas trop de bruit et n'empêchons personne de dormir. Agnès détonne un peu dans ce paysage mesuré, correct, tout à fait… catholique. Ses parents ont disparu dans un bombardement et elle a été envoyée là par une association d'enfants orphelins.

J'entends derrière les silences qu'elle ne peut pas en dire plus et je comprends sa douleur mais aussi sa force. Agnès est quelqu'un qui s'accroche et mord dans les instants du quotidien pour ne pas hurler et tomber dans le désespoir. J'ai l'impression de connaître ça par cœur moi aussi.

Agnès vient de Paris, une vraie Gavroche, ne lui manque que la casquette. Elle connaît le Quartier latin comme sa poche : ses parents tenaient avant guerre un café en bord de Seine et elle a pas mal vadrouillé, faisant parfois l'école buissonnière ou des petits boulots pour se faire un peu d'argent de poche. C'est une rêveuse qui raconte ses balades avec un sens du détail et de l'anecdote que j'adore. J'ai terriblement envie de lui dire la vérité mais je n'en ai pas le droit. Je lui ai vaguement parlé de mes parents, du Marais où j'ai vécu, sans trop en dire. Ce quartier me paraît loin déjà. Je pourrais parler des heures du parc du château à Sèvres, des bosquets, des chambrées, de la cuisine, mais je n'en ai pas le droit, et ça me met en colère. Moi qui déteste mentir, je me trouve confrontée à ces mensonges qu'on m'impose. Je sens bien que je trahis Agnès, qui me livre avec générosité et sans méfiance les moments véritablement importants de sa vie. Je déteste cette Catherine qu'on me force à être.

Quand j'ai dit à Agnès que j'étais passionnée de photo, elle a été tout excitée. Elle a un copain dans sa rue qui est photographe. Plusieurs fois, elle a posé pour lui, ça consistait à gambader en bord de Seine ou bien à sauter à la corde devant une boutique de jouets. Souvent, elle l'a accompagnée dans les petites rues qu'il ne connaissait pas. Il marchait derrière elle en lui demandant de ne pas courir comme cela, arguant qu'il avait du mal à la suivre, et elle, amusée par ses plaintes, accélérait le pas et tournait dans les passages secrets de la ville, le laissant quelques minutes la chercher des yeux ou bien lui faisant peur en criant booooooooooh par-derrière à l'angle d'une ruelle. C'est un type assez drôle qui a perdu son emploi chez Renault parce qu'il arrivait tout le temps en retard. Alors il se balade dans les rues de Paris avec son appareil et photographie les gens, l'air de rien. Il les attrape partout et photographie tout le monde. Les débardeurs des Halles, les femmes élégantes qui sortent du palais de justice, les mômes qui courent chez le boulanger, les grands-mères assises sur les bancs, les amoureux qui se bécotent… Un type sympa, ce Robert. Il lui a donné plusieurs fois quelques centimes et l'a plus souvent embarquée avec lui aux terrasses des cafés. Là, il regarde tout ce qui se passe autour et sort son appareil à tout-va. Il lui a même donné quelques clichés qu'il avait faits d'elle. Ils se sont perdus de vue, mais si un jour cette guerre finit, Agnès aimerait bien me le présenter. Ce type me plaît déjà et je croise les doigts pour qu'un jour…

Je n'ai pas eu envie de sortir mon appareil depuis la dernière photo d'Hélène. J'ai besoin d'apprivoiser les habitants, les lieux, les heures du jour avant de chercher des images. Mais je m'entraîne malgré tout, discrètement, à mesurer la lumière avec mon posemètre, à tout moment de la journée. C'est devenu mon jeu préféré. Je sors le petit instrument de ma poche et note ce qui s'inscrit sur le cadran. J'ai besoin de bien comprendre comment fonctionne cet outil qui me paraît encore un peu compliqué. J'ai décidé de vérifier la lumière à toutes les heures du jour pour mieux saisir les mesures. Il me faudra sûrement plusieurs semaines pour arriver au bout de cet exercice. Je ne peux pas, en effet, lire les données toutes les heures : sœur Emmanuelle s'en apercevrait forcément et je l'entends déjà m'accuser de ce qu'elle appellerait sans doute « une distraction ». Elle ajouterait quelque chose du genre :

– (…) distraction, du latin *distrahere*, tirer en divers sens, puis se détourner de, s'écarter de. Je vous suggère de noter cette étymologie, mes filles, cela vous sera utile à la réflexion. La distraction détourne de Dieu, c'est pourquoi, dans l'enceinte de ce couvent, nous ne pouvons envisager de nous distraire. Comment pourrions-nous nous écarter du Seigneur dans ce lieu qui lui est consacré ?

J'aime les moments que je passe avec Agnès, cette (sans doute pourtant fausse) joie qu'elle affiche à toute heure du jour. Pourtant, je n'ai pas avec elle l'intimité et la complicité que j'ai pu connaître avec Sarah et Jeannot. Comment cela serait-il possible alors que je lui mens la moitié du temps ? Agnès me pose souvent des questions que je détourne ou évite, mais quand je ne peux m'en sortir, j'invente, et cela crispe la boule qui dort dans mon ventre, celle qui se réveille de temps en temps quand je dérive dans les souvenirs, ou bien quand je me demande où sont mes parents.

Notre dégoût des cours nous rapproche, c'est notre plus grand point commun, en dehors du manque que nous connaissons profondément au fond de nous, sans jamais en parler : nous sommes toutes les deux de piètres élèves qui ne comprennent pas grand-chose à ce qui se passe en classe. Nous nous ennuyons avec la même foi. Quant au catéchisme qui prépare le groupe à cette fameuse communion, il fait hausser les épaules d'Agnès. Elle m'a avoué qu'elle ne croyait plus en Dieu. S'il existait, comment aurait-il pu lui enlever sa mère, son père et ses deux sœurs, d'un coup d'un seul ? Et s'il existait, pourquoi n'aurait-il pas fait qu'elle soit avec eux au moment du bombardement ?

Le catéchisme met en colère Agnès et m'inquiète beaucoup. Ce « passage » nous donnera aux unes et aux autres la possibilité de manger et de boire le corps du Christ. Je n'en reviens pas ! Je n'ose pas poser de questions, mais je n'ai aucune envie de ce repas sacré et répugnant. Je laisserai bien ma part pour cette fois. Je suis tout à fait prête à me contenter des ragoûts de la cuisinière ou bien de ses gigots sans omettre ses jambons auxquels je commence à prendre sérieusement goût, en essayant de ne pas imaginer ce que penseraient mes parents de cette gourmandise. Cette idée de l'hostie… pouah !

Je n'ai vraiment pas hâte d'arriver à cette fameuse communion, mais les jours passent et la sœur Marie prend les mesures de toutes les grandes pour confectionner les aubes blanches, sortes de longues robes de coton, toutes identiques, que nous aurons à porter le jour de la célébration. La chapelle Saint-Eustache accueillera ce jour-là les familles des filles de la région et le curé de la paroisse d'à côté, qui viendra dire la messe pour l'occasion. Blandine pour la première fois montre une once d'exaltation :

– Te rends-tu compte que nous allons nous lier à Dieu, au-delà même de l'acte du baptême ? Nous allons, nous, pauvresses, avoir accès au corps du martyr. Te rends-tu compte de notre chance, Catherine ?

Je n'ose pas trop la contredire, son visage tout à coup s'illumine et c'est à ce moment précis que je ressens à nouveau et pour la première fois depuis des semaines le besoin de faire des photos. Je viens de rater une occasion unique : j'ai vu passer sur le visage de Blandine une lumière quasi divine qui a donné à son regard une luminosité irréelle, à sa bouche un rouge coquelicot et à son front une lisseur émerveillée. Je crains de ne jamais plus croiser un tel instant de sa vie. C'est mal connaître Blandine, je le comprends vite, dont le visage s'éclaire, s'ouvre, se métamorphose dès qu'elle évoque le corps du Christ. Cela amuse beaucoup Agnès qui la soupçonne de mourir d'envie de « sortir avec un gars » et, « à défaut de mec, de s'en prendre à ce type accroché à une croix ». Agnès est mordante et le peu de foi qui pourrait lui rester laisse à désirer. Si les sœurs imaginaient une seconde qu'elle profane leur Seigneur avec une telle légèreté, elles l'enverraient se coucher sans manger jusqu'à la fin des temps.

11

Dimanche est le grand jour. Nous sommes douze filles à faire notre profession de foi. Pour cela, toutes ont écrit un texte dans le cadre du catéchisme. Enfin, cela ne s'est pas exactement passé de cette façon pour moi, et j'ai dû une fois de plus mentir. Sœur Marie m'a fait venir dans sa cellule et m'a remis un texte écrit de sa main. Elle m'a demandé de recopier ce texte et de le présenter, lors de la profession de foi, comme un écrit dont je serais l'auteur. Quand j'ai lu la feuille, je n'ai pas tout saisi ; globalement, je m'engage avec ce papier à être croyante, bonne catholique devant le Seigneur, à respecter les dogmes de la religion et à être bonne et miséricordieuse envers mon prochain. Sœur Marie m'a renvoyée dans ma chambre en me faisant jurer (et pourtant, grand Dieu ! toutes les sœurs nous répètent plusieurs fois par jour qu'on ne jure pas dans cette maison !) de ne pas dire un mot de cet arrangement. Je ferai ma communion comme les autres, lirai mon texte comme si je l'avais moi-même rédigé et je prierai avec les autres. Je mangerai aussi un bout du corps du Christ. (Sur quel morceau vais-je tomber… ?) À mon retour, Agnès s'inquiète de cette convocation. Une fois de plus, je lui mens, en lui racontant que sœur Marie m'a demandé de lui tirer son portrait.

Samedi, répétition générale. Tout doit être parfait demain, il est donc nécessaire de faire un filage, a affirmé la mère supérieure. Enfin, ici, personne ne prononce ce mot, « filage », mais j'ai joué dans deux pièces, à Sèvres, et avant chaque première, c'est bien le mot qu'employait Mésange, notre prof. Le théâtre… comme cela commence à être loin.

Nous enfilons nos aubes, pas de poche où glisser mon Rollei : la robe n'offre aucune cachette possible. Dommage, j'aurais sans doute pu faire quelques belles prises de vue avec toutes ces robes blanches, ces cierges tout aussi blancs et les visages de certaines filles qui ont l'air de croire à tout ce qui se passe. Dès que je sortirai de la chapelle j'irai le chercher. Nous entrons l'une après l'autre dans la chapelle et devons plonger nos doigts dans le bénitier, un énorme coquillage nettoyé pour l'occasion par le père Lucas qui a maugréé pendant un bon moment en grattant la nacre. Le père Lucas n'est pas le curé, comme je l'ai cru au début, c'est l'homme à tout faire du couvent, celui qui fait les courses, répare, retourne la terre, grimpe dans les arbres pour déloger les nids de frelons. À l'entendre râler dans la chapelle, je me demande s'il n'est pas un peu « mécréant », comme disent les sœurs quand elles sont agacées par ses jurons.

Une fois que nous, les futures communiantes, aurons trempé nos doigts dans le bénitier luisant, nous ferons alors le signe de croix avant d'avancer jusqu'à l'autel. Je me trouve à peu près au milieu du cortège et j'imite celle qui me précède, respectant le rythme des pas qui s'accordent à une musique sacrée jouée sur l'orgue du lieu saint par sœur Christina. Je fais ce que fait Blandine, qui est devant moi. Mêmes gestes. C'est comme cela que je fais mon signe de croix, après l'avoir observée discrètement.

Je ne vois pas arriver la main glacée de la mère supérieure sur ma joue gauche. Par contre, j'entends le claquement sec et sens la brûlure du choc, tétanisée par ce coup inattendu. Toutes les filles s'arrêtent et tournent la tête vers moi. La mère supérieure me sort du rang en tirant mon aube du bout des doigts, sous les yeux effarés des filles qui n'ont pas vu ce qui a pu provoquer une telle colère chez la mère supérieure. Moi-même, je suis abasourdie, jamais personne ne m'a frappée de cette façon et j'en reste complètement estomaquée, incapable de réagir autrement qu'en obéissant à la sœur. Elle me pousse et me tire, d'un geste ferme sur l'épaule, jusqu'à me faire sortir de la chapelle ; elle me refoule plus loin encore et quand nous sommes l'une face à l'autre dans le cloître, loin de tous les visages indiscrets, elle me regarde dans les yeux :

– Ma fille, fais ce geste-là demain dans la chapelle et je ne donne pas une heure aux Allemands pour arriver. Tu es catholique depuis ton plus jeune âge et aucune enfant chrétienne, la plus mécréante soit-elle, comme la jeune Agnès soit dit en passant, ne se tromperait de main ni de sens en faisant son signe de croix. T'es-tu seulement rendu compte que tu faisais tout à l'envers ?! Demain, la chapelle sera pleine. Et je sais de source sûre que certains des fervents croyants qui seront présents n'en sont pas moins de fervents collaborateurs. Ce soir, dans ton lit, je t'ordonne de t'entraîner à faire ce signe de croix jusqu'à ce qu'il devienne un réflexe pour toi. Tu n'as pas le droit de faire un faux pas demain. Est-ce que tu as bien compris ce que je t'ai dit ? Maintenant, retourne à la chapelle, sois attentive à tout ce qui se passe, mets-toi à nouveau derrière Blandine et fais exactement ce qu'elle fait, dis les mêmes mots qu'elle, aie le même regard qu'elle. Débrouille-toi pour être touchée par la grâce. Demain, nous ne sommes à l'abri de rien. Et pour tout t'avouer, même pas de notre curé, j'en ai peur. Gare à la confession, ne dis rien de ton passé, trouve-toi quelques mauvaises pensées, évoque quelques plaisanteries au goût douteux que tu n'as pas manqué de faire, j'en suis sûre, avec Agnès, mens sur tes mensonges et sois plus catholique que les plus catholiques d'entre nous.

C'est ainsi que j'ai, en un dimanche d'automne, embrassé la religion catholique, sans en avoir la moindre envie, avec le sentiment de trahir ma famille et aussi tous les juifs du monde. J'ai marché derrière Blandine, j'ai prié, et, pour finir, j'ai dû manger l'hostie, effrayée par l'idée de devenir anthropophage. J'ai bu dans le calice le sang du Christ, je l'ai accepté, le cœur chaviré d'un acte aussi barbare. J'ai mis plusieurs minutes en sortant de la chapelle à récupérer mes esprits et à faire taire ce tremblement qui m'a prise quand le curé m'a regardée en me tendant l'hostie. Je me suis écartée de la foule des familles pour retrouver mon souffle et ravaler mes larmes.

Les seules bonnes choses de la journée ont été un repas exceptionnel, un dessert de taille monstrueuse, une pièce montée de choux fourrés de crème pâtissière, et deux photos particulièrement réussies. Une de Blandine en pleine extase mystique et une autre d'Agnès cachant une poignée de choux sous son aube, sans que personne n'y prenne garde. J'ai fait des photos, à la demande des sœurs qui m'ont dit qu'elles enverraient le film à développer en ville, par l'intermédiaire du père Lucas. Ça me fait rager : j'aimerais tellement tirer moi-même ces photos, depuis le temps que je n'ai pas mis les pieds dans un labo... Mais je n'ai pas dit mon dernier mot et je proposerai peut-être aux sœurs d'accompagner le père Lucas chez le photographe. Là, je saurai bien le convaincre de l'aider ou même de me laisser faire. J'ai fait quelques clichés des filles en aube et quelques portraits des sœurs. Même la supérieure m'a demandé si j'acceptais, « malgré la gifle d'hier », de lui faire son portrait, pour accrocher dans son bureau, « comme il est coutume de le faire dans les couvents, pour les mères supérieures ». J'ai à moitié apprécié qu'elle revienne sur cette claque et j'ai souri en serrant les dents, pas question de lui montrer que je me suis sentie humiliée. Je soupçonne cette chère mère supérieure de péché d'orgueil avec cette histoire d'afficher son portrait dans le couvent. Mais cela va dans mon sens... et ma foi, que Dieu nous bénisse ! La mère supérieure pose, croisant les genoux sous sa robe noire, le regard pénétrant et la tête haute. Je me retiens de rire et déclenche mon appareil.

Retrouver les gestes de la photo m'a remise de mes émotions et surtout a balayé la tristesse à laquelle cette cérémonie m'avait réduite toute une partie de la journée. La plupart des filles étaient avec leurs parents, frères et sœurs, et même leurs grands-parents, pour certaines. Pas Agnès, ni la petite Alice que je n'avais jamais remarquée. Toutes les trois, nous étions seules, désemparées au milieu de ces familles. Nous nous sommes rapprochées, sans rien nous dire, et ne nous sommes plus quittées de la journée. La petite Alice a eu les larmes aux yeux tout l'après-midi, et Agnès et moi avons tout tenté pour la faire rire, ou au moins sourire. J'aurais aimé la prendre dans mes bras mais je n'ai pas osé, je crois que je n'avais pas envie d'en rajouter sur notre différence. Aucun adulte pour nous serrer dans ses bras, juste nous trois, pas comme tous les autres.

J'ai essayé de faire quelques photos de cette Alice. C'est très étrange et c'est la toute première fois que cela m'arrive : c'est comme si elle ne pouvait pas être photographiée. J'ai eu cette impression très bizarre que son image ne s'imprimerait pas sur la pellicule. Elle semblait tellement loin et si peu présente que je ne serais pas étonnée de la transparence du film au moment du développement.

Ce soir, dans mon journal de bord, j'écris ces quelques mots : *« Aujourd'hui, j'ai mangé et j'ai bu, je suis devenue une autre, pourtant je n'ai rien demandé et je ne veux rien oublier. »* Je n'écris plus que ce genre de phrases laconiques qui n'auront aucun sens si quelqu'un tombe sur mon cahier. Mais moi je sais ce que recouvrent ces quelques mots, et d'une certaine façon je me sens libérée de laisser dans ces feuillets un peu de ce poids qui m'épuise bien souvent.

Petit matin, lendemain de fête, pour bon nombre des habitantes du pensionnat, mais seulement lendemain de nuit-cauchemar pour moi. Pas question de me laisser aller, j'ai décidé, alors que je me lavais les dents ce matin, que j'irais frapper à la porte de la mère supérieure.

– Mère, m'accorderez-vous une faveur ?

J'y ai pensé une partie de la nuit, quand j'ai décidé de ne plus dormir pour ne plus me heurter aux vents mauvais de mes rêves : je ne veux absolument pas laisser mon film à un inconnu. Sur cette pellicule, il y a les images d'Hélène qui part au combat et celle d'Agnès qui vole des choux à la crème, ce qui n'est guère digne et risque de lui poser quelques problèmes si la photo passe entre les mains des sœurs, et c'est sûr, elles ne vont rien rater, impatientes, comme elles sont toutes, de cette… distraction.

Qui plus est – et peut-être, à dire vrai, surtout – je meurs d'envie de m'occuper du développement et du tirage. J'ai peur de perdre la main, et l'idée d'entrer dans un labo me démange.

J'en parle à la supérieure, tout en insistant sur le fait que je suis particulièrement douée au tirage, ayant suivi les meilleurs cours de la place de Paris (je n'en suis plus à un mensonge près). Je serai rassurée de m'occuper moi-même de ce travail et je le lui explique. Pour mettre une dernière couche, j'insiste sur l'habileté nécessaire pour réussir un bon portrait, surtout si celui-ci est en grand format. J'ai compris qu'elle tient fort à ce fameux portrait et que le péché d'orgueil est bel et bien implanté dans sa tête.

La mère supérieure, après m'avoir mise en garde contre toute confidence à qui que ce soit sur le chemin (« Gare aux loups », me dit-elle avec emphase), finit enfin par m'autoriser à accompagner le père Lucas à la ville et à me débrouiller avec le photographe. Elle n'est pas sûre que le jeune homme, « pauvre garçon, mutilé de la guerre », acceptera que j'occupe son laboratoire. Mais qui sait ? Elle n'est d'ailleurs pas certaine que ce garçon soit un bon professionnel, elle n'a jamais eu affaire à lui, et il serait dommage de gâcher ces moments sacrés que j'ai immortalisés, surtout si je suis une aussi bonne photographe que je l'affirme. Je ne peux qu'acquiescer.

La mère supérieure, très sérieusement, ajoute :

– Il est entendu que tu récupéreras les cours, ma fille, n'est-ce pas ? Agnès se fera un plaisir de te donner ses cahiers et, plutôt que de parler de je ne sais quelle vérité profane, elle t'aidera le soir à rattraper ton retard ; c'est un ordre, et la condition pour que je t'accorde cette faveur.

Je l'embrasserais volontiers mais ce n'est pas le genre de la maison. Je la salue donc bien bas et m'en vais chercher le père Lucas qui se prépare à aller faire les courses en ville. Il part en général le lundi matin et rentre en fin de journée, parfois un peu plus gai que le matin. Cela veut dire pour moi une journée de liberté. J'ai un peu de mal à y croire, moi qui vis enfermée depuis tant de mois. À Sèvres non plus, je ne pouvais pas sortir. Ici, c'est la zone libre, tout est différent, même si j'ai bien compris qu'il faut être vigilante et me présenter comme une jeune et fraîche communiante, au cas où on m'adresserait la parole.

12

Riom est une grande ville. Après avoir traversé les champs en charrette, je découvre les ruelles des faubourgs qui jouxtent la cité. Le cheval va doucement, si doucement… je voudrais voler pour arriver plus vite. Le père Lucas me dépose devant la boutique du photographe en me proposant d'un ton rugueux de me reprendre à dix-sept heures. Il me tend un torchon dans lequel se trouvent un grand casse-croûte pain jambon et une pomme.

– De la part de sœur Marie, grogne-t-il.

Je ne le regarde pas partir, déjà absorbée par la découverte de la boutique surmontée d'une enseigne : « Au bon photographe ». Dans la vitrine, des photos de mariés, prises sous un vieil arbre ou devant une église, têtes raides et sourires figés, bébés allongés sur le dos sur des divans à peine plus grands qu'eux, la tête levée vers l'objectif, familles en pose, petits devant à genoux au pied des anciens, dignes et droits comme des ifs, vêtements empesés et souliers cirés. Cela me fait sourire. J'imagine déjà ce que je vais trouver dans cette boutique. Un gars qui tente de gagner sa vie en faisant les mariages et les réunions de famille. Un bon professionnel sans trop d'imagination pour qui la photographie est un métier mais sûrement pas un art, à en croire ses photos qui se ressemblent toutes et ne font que graver sur papier des corps figés, dans une fixité quasi cadavérique. Il n'arrive même pas à tirer un sourire chez certains mariés, et c'est pourtant le minimum de vie à attendre d'un cliché ! Je prends encore quelques minutes avant de pousser la porte. Il faut que j'évite l'ironie et la critique si je veux parvenir à mes fins et, puisqu'il paraît que c'est un homme jeune qui tient boutique, je vais lui sortir le grand jeu, sourire timide, joues roses, et les yeux papillons : ce devrait être une bonne entrée en matière.

La porte pousse un petit carillon qui résonne dans la boutique vide. J'entends, du haut d'un escalier, une voix d'homme un peu étouffée :

– Oui, une minute, j'arrive. Le temps d'enfiler mon pantalon et je suis là.

La cocasserie de la situation ne m'échappe pas, mais je ne tiens pas en place et j'en profite pour jeter un œil dans l'arrière-boutique. C'est le studio, où sont tendus des draps noirs, un projecteur, une chaise et un de ces petits divans spécial bébé, manifestement. Je cherche des yeux la porte qui doit conduire au labo mais je ne la trouve pas. Alors je m'avance un peu plus et, sur une table que je ne pouvais pas voir depuis la boutique, je remarque la chambre noire posée sur un trépied ainsi que quelques plaques de verre séparées par des lattes de bois, sortes de grands châssis.

– Humm, je peux faire quelque chose pour vous ?

Je n'ai pas entendu les pas dans l'escalier, tant j'étais absorbée dans l'observation de chaque détail du studio. Je me retourne d'un coup, renverse au passage quelques papiers posés sur une tablette et me voilà bafouillant des excuses, sans même penser à ce premier sourire que j'avais pourtant prévu et même préparé, en le répétant plusieurs fois dans le reflet de la vitrine. Le jeune homme est surpris lui aussi et n'a pas l'air ravi de me trouver fouillant dans son studio. Je fais machine arrière et reviens derrière le comptoir que j'ai largement dépassé. Je ne vois pas comment je vais me sortir de cette situation ridicule et surtout convaincre ce gars de me laisser développer mes films puis les tirer.

Il me regarde sans rien dire, attend sans doute que je me manifeste. Je vois seulement à l'instant sa jambe de pantalon molle, et l'absence de pied au bout. Il me voit le voir et je vois qu'il me voit le regarder. La situation est de plus en plus gênante et, sans plus y croire, je me jette à l'eau, déjà certaine de toute façon que tout est fichu. Je vais être obligée de lui laisser le film et le père Lucas repassera le prendre lundi prochain. Quelle idiote je suis. Je tente au moins de me justifier pour sortir de ce malaise qui laisse couler sur mon front des gouttes de sueur dégoulinant jusque dans ma bouche.

– Je suis… désolée, oui vraiment pour votre jambe et tout ça. Non, ce n'est pas ce que je voulais dire. Je suis désolée de vous avoir dérangé, et gênée aussi en fait, je suis moi aussi photographe, c'est pour ça que, enfin vous comprenez, voir la chambre noire et puis votre matériel, regardez, moi, j'ai un Rolleiflex, tenez, prenez-le dans vos mains, en fait, j'ai fait ma communion hier à Saint-Eustache, vous savez le pensionnat pour jeunes filles, mais moi, je suis de Paris et hier, c'était tellement plein d'émotion que j'ai…

Le jeune homme part d'un fou rire qui me coupe dans mes tentatives désespérées d'explications ; ça provoque chez moi un mouvement de colère :

– Vous vous fichez de moi ? C'est ça ? Je m'excuse et vous, vous riez ? Ça vous amuse de me voir aussi mal à l'aise ?

Il rit toujours et dans un hoquet parvient à glisser :

– Non, je suis désolé, c'est que… ce que vous me racontez n'a ni queue ni tête, je n'y comprends rien… Vous voulez bien reprendre du début ?

Il a du mal à s'arrêter de rire en prononçant ces quelques mots. Je suis encore essoufflée, perdue dans ma logorrhée, et je mets un moment avant de prendre conscience de mon ridicule, en voyant le photographe rire et rire encore. Je fais le tour du comptoir, je vais m'asseoir sur la chaise au centre du studio, prends ma tête dans mes mains et j'étouffe un fou rire à mon tour. Quand nous nous calmons, je peux enfin me présenter :

– Catherine Colin, photographe amateur, en pension depuis peu à Saint-Eustache, enchantée de faire votre connaissance et désolée de cette entrée fracassante.

– Étienne Lombard, photographe de mon état, débarrassé de la guerre à cause d'un manque de jambe, pour vous servir, mademoiselle Catherine. Vous proposerai-je un café ou bien un chocolat ?

C'est autour d'un café, au milieu du studio de prises de vus, que nous nous rencontrons enfin. Étienne est curieux de mon Rolleiflex. Il n'en a jamais eu ni même tenu dans les mains. C'est un professionnel de la chambre noire et il n'a qu'en de rares occasions utilisé des appareils comme les 6 x 6 ou les reflex. Je lui explique rapidement pourquoi je suis venue et ce que j'espère : développer et tirer mes films. Étienne, sans accepter cette proposition – « Il faut bien que je vive » –, m'accorde de venir travailler avec lui au labo. Nous ferons ensemble ce tirage, s'il sent que j'en ai les compétences. En échange, il me demande de lui prêter mon appareil, le temps d'un film, et imagine que je pourrais poser dans son studio, ce qui lui permettrait de me rendre rapidement mon petit bijou.

Je n'ai pas l'habitude d'être photographiée, et cette idée-là me dit bien. Pourquoi pas, en effet ? Mais plutôt que faire du studio, je lui suggère de sortir, de me faire visiter cette ville et de prendre des clichés en extérieur. Je lui explique que je suis enfermée au couvent avec une flopée de vieilles sœurs habillées comme des oiseaux et que j'aimerais bien faire un peu de tourisme et même, si c'est possible, boire un verre de limonade en terrasse de café. Étienne me sourit et me rappelle que Riom est malgré tout une petite ville de province où la terrasse de café n'est pas monnaie courante. Il pense pourtant à un petit bar agréable pas loin du parc. Sans hésiter, il ferme la boutique, écrit sur l'ardoise qu'il pend à un clou, derrière la porte : « Obligé de m'absenter pour des raisons exceptionnelles », après avoir pris le temps d'emporter deux films pour le Rolleiflex, avec la ferme intention de profiter de cette occasion pour se faire la main sur cet objet rare.

J'apprends que Riom est devenue la capitale de la France libre. J'ai presque honte de mon manque de culture, je m'étais imaginé débarquer dans une ville perdue et inconnue. Nous nous racontons l'un et l'autre comment nous sommes arrivés à la photo. Une histoire de famille pour Étienne, qui a appris à se servir d'une chambre noire quand il avait à peine huit ans, sur les genoux de son père. Il est lui aussi passionné de photographie et connaît bon nombre de grands photographes, particulièrement les Américains, qui le font rêver avec leurs grands espaces.

Il fait bien quelques photos de paysages mais il ne les montre guère. À qui pourrait-il les montrer ? Ici, ce qui intéresse les gens, ce sont eux, eux et encore eux, en habit de fête, guindés de préférence. Du baptême à l'enterrement, parce qu'il couvre même parfois des enterrements, faisant les derniers clichés des morts dans leur cercueil, une fois encore, et la dernière, sur leur trente et un. Il rêve de partir aux États-Unis et de voyager dans les Rocheuses et les déserts, de se pencher sur le Grand Canyon, l'appareil photo, un Leica de préférence, au cou, prêt à saisir l'immensité du monde. Mais il est conscient d'être un petit photographe de province qui passera sûrement sa vie, sur une jambe, dans un studio, au pied des marches d'une église ou bien au chevet d'un vieux ou d'une vieille en partance. Non seulement ce gars est passionnant, mais en plus il ne manque pas de charme. C'est vrai que sa jambe unique lui donne une drôle d'allure, il marche à l'aide une canne qu'il soulève d'un coup, avec une certaine force, pour garder un rythme de marche. Ce handicap lui donne l'air d'un aventurier séduisant et, musclé, il doit l'être pour soulever son corps de cette façon avec une telle aisance. Quand vient mon tour de me dévoiler, je réinvente un peu mon histoire, n'évoquant pas directement Sèvres comme l'endroit où j'ai vécu mais plutôt comme un lieu d'apprentissage où je serais allée régulièrement, pour apprendre tout ce que je sais de la photo. Il est éberlué quand je lui décris le matériel de Pingouin, celui qu'il enferme dans son armoire aux trésors. Je lui dis tout ce que j'aime dans la photographie, cerner les corps en mouvement, attraper les images du quotidien, saisir les instants où les visages se marquent d'émotion.

Je vais, dans mon élan, jusqu'à lui exprimer ma théorie sur les images qui préexistent dans un monde invisible, ces images qui attendent qu'on capte leur lumière ; notre rôle de photographe comme passeur d'images, venant révéler un monde que personne ne voit mais que l'appareil photo permet de déceler, puis de saisir, si on y est prêt. Étienne a l'air subjugué. Il dévore mes mots, n'en laisse pas un se perdre, tout en me regardant avec une sorte d'avidité. Il a au moins quatre ans de plus que moi, peut-être même davantage, il faudra que je lui demande.

Il répète, éberlué :

– Je comprends bien, n'est-ce pas ? Peut-être donc que les images précèdent leur existence sur le papier ? Tu évoques le quotidien comme un monde exceptionnel qu'il faut tracer et poursuivre, alors que moi, je ne sais que mettre des moments artificiels dans ma boîte ; même mes photos de paysages me paraissent figées, maintenant que je t'entends, sans cette vie que tu décris avec une telle justesse.

Alors qu'il se met à me photographier, dans le parc, je continue mes papotages, flattée de ce regard plein d'admiration sur moi. Flattée aussi par cet objectif pointé dans ma direction ; il est assis sur un banc, je suis à quelques mètres, de l'autre côté de l'allée, sur un banc moi aussi. Il me demande de ne surtout pas m'arrêter, de parler, de lui laisser tenter cette expérience du mouvement. Il aimerait pouvoir se lever et tournoyer avec le Rollei autour de moi, danser et multiplier les angles de prises de vue, mais il me montre sa jambe qui l'empêche de bouger ; cette foutue jambe disparue lui fait mal encore, comme si elle était là, engourdie et blessée. Comme si l'obus qui l'a fait voler s'était fiché dans sa peau. Alors il reste assis sur son banc et ploie son corps devant moi ; pendant quelques instants, je me trouve belle, dans le genre starlette, goûtant tout à coup d'être modèle, à mon tour.

Nous partageons mon casse-croûte et Étienne tire de sa poche quelques bouts de chocolat pour compléter notre collation.

À quinze heures, je me souviens tout à coup qu'il ne me reste que deux heures avant que le père Lucas n'arrive. À peine le temps de développer mes films. Nous rentrons à la boutique, aussi vite que la jambe d'Étienne le permet. Il soulève un bout du rideau noir dans le studio. Derrière, une porte invisible ouvre sur le labo, qu'Étienne appelle d'ailleurs sa chambre noire, équipée d'un agrandisseur d'un modèle récent. C'est une grande fierté pour lui, je m'en aperçois, quand il voit ma tête et mes yeux s'arrondir de surprise. Je retrouve ce plaisir de l'obscurité, même si je me sens maladroite dans cet univers organisé pour qu'Étienne puisse prendre appui dans l'espace, sur une chaise ou un meuble dans tous ses déplacements. Il éteint la lumière le temps d'enrouler sur la spirale les quatre films. Je n'ai pas eu besoin de demander : Étienne m'a tendu la bobine et a attendu que j'en aie fini pour la récupérer et à son tour préparer ses deux films. À seize heures trente, nous mettons à sécher les films dans une armoire et sortons de cette chambre noire, tout excités à l'idée de bientôt pouvoir tirer ces images. Je croise les doigts pour que la mère supérieure me laisse revenir lundi prochain sans difficulté. Je m'ouvre de cette inquiétude à Étienne, qui me suggère de préciser à la mère supérieure qu'il accordera un rabais important si c'est moi qui fais les tirages.

– Le père Lucas ne va pas tarder, je vais devoir y aller. Je ne sais comment te remercier pour cette journée et surtout de m'avoir laissée utiliser ton matériel.

– Ne me remercie pas, c'est du donnant-donnant, j'ai eu plaisir à ce moment avec toi et j'ai adoré ton Rollei. Cela dit, si vraiment tu veux me remercier, embrassons-nous !

Les pieds ballant dans le vide, derrière les paniers de commissions, je me prends à rêver à cette prochaine journée qui s'annonce, dans la chambre noire d'Étienne, avec lui, tout près de lui. C'est la première fois que je parle autant et aussi profondément de photographie avec quelqu'un, hormis bien sûr Pingouin, mais il est hors concours, c'est un vieux bonhomme !

Agnès m'attend dans le dortoir avec impatience et elle veut tout savoir de cette escapade. Pour une fois, je peux dire l'entière vérité à mon amie. Après m'avoir écoutée avec délice, elle me tend cependant les cours de la journée : elle a reçu comme mission de m'aider à les recopier avant demain. On s'y met toutes les deux en riant. Agnès se moque de moi, me traite de « pauvre fille, les yeux embrumés par un beau gars, en à peine une journée prête à trouver le monde merveilleux ». La chipie n'a pas tort, ce gars me tourne déjà la tête.

Dans mon journal de bord, je note : *« Et si un jour nous partions aux États-Unis ? Nous irions de ville en ville, traversant l'aridité des déserts, la fulgurance du vert des prairies, le vertige des montagnes, la promiscuité des cités, et nous découvririons des images à la croisée de nos chemins. »*

13

Après le petit déjeuner, la mère supérieure me convoque, inquiète de ne pas avoir trouvé les photographies dans son bureau hier soir. Elle est déçue quand je lui explique que le film doit sécher plusieurs heures et qu'il faudra encore un jour de travail, voire deux (je me prépare déjà une journée supplémentaire avec Étienne), pour obtenir les clichés. Quant au grand format pour son bureau, il demandera sans aucun doute au moins une journée de plus. La mère supérieure, qui n'y connaît rien en photo, s'inquiète cependant de ce qui a pu se passer avec « ce jeune homme » pendant toute cette journée d'hier :

– Avez-vous donc passé toute la journée à développer ces photographies ?

Je n'en suis plus à un mensonge près, et je lui explique dans le détail toutes les manœuvres nécessaires pour développer un film. J'invente sans scrupule des actes complexes qui demandent un temps de pose et une grande habilité. Je n'oublie pas de donner l'argument d'Étienne sur le prix des tirages et glisse avec perfidie que « ce jeune homme est un pauvre infirme qui n'est pas très doué dans sa partie ». Je murmure, pas très fière de moi, qu'il m'a fait pitié, un peu gênée de ce culot qu'il m'arrive d'avoir dans certaines situations. Je la rassure suffisamment pour que, après avoir vérifié que j'ai bien recopié les cours du lundi, elle m'accorde de repartir lundi prochain avec le père Lucas.

La semaine me semble interminable : Étienne me trotte dans la tête à n'importe quel moment de la journée et pour les raisons les plus futiles. Il faudra que je pense à lui parler de ma photo des danseuses, pas encore tirée mais dont je pressens la force. Je devrais lui dire comme je regrette mes premières impressions, quand j'ai regardé la vitrine de sa boutique. Il ne me faudra pas oublier de lui demander d'essayer sa chambre noire qui montre les images à l'envers.

Même si Étienne occupe une grande partie de mon esprit, je suis malgré tout attentive à la petite Alice, qui semble m'avoir adoptée. L'enfant me cherche à tout moment et vient me prendre la main sous les voûtes du cloître dès qu'elle me trouve. J'aimerais en savoir davantage sur elle mais je n'ose pas l'interroger. J'ai peur de l'effaroucher avec des questions. J'apprends cependant de sa bouche qu'elle ne sait pas où sont ses parents et que son frère a été envoyé dans un couvent pour les garçons. Il lui manque beaucoup, mais ils ont le droit de s'écrire. Elle ne sait pas écrire ni lire mais les sœurs l'aident, surtout la sœur Marie, qui est la plus patiente, selon elle. Elle aimerait bien que je lui rédige un courrier et aussi que je lui relise toutes les lettres qu'elle a reçues de son frère. Elle n'ose pas demander aux sœurs cette relecture alors qu'elle aimerait entendre les mots de son frère chaque jour. C'est comme cela que je découvre que le frère d'Alice est beaucoup plus âgé qu'elle, il doit avoir dix-sept ans. Il est plein de délicatesse et trouve toujours des anecdotes de son quotidien à raconter à la petite : il l'embrasse beaucoup et lui rappelle de doux souvenirs communs. Il lui assure qu'il viendra la chercher, dès que la guerre leur permettra de se retrouver. Il lui fait mille promesses, toutes poétiques et tendres. Je prends vraiment plaisir à lire des bouts de texte à Alice dont le visage s'éclaire un moment, rosissant ses joues ; elle ressemble enfin à cette enfant qu'elle oublie d'être si souvent.

Les cours se déroulent cette semaine dans une lenteur exacerbée mais me laissent le temps de rêver. Le catéchisme, maintenant que la communion est passée, n'a lieu que le dimanche matin, ce qui nous laisse plus de temps, le soir, après l'étude et les devoirs. Cela nous permet aussi avec Agnès de prendre des moments avec Alice qui, sinon, reste seule, assise dans un coin du cloître. Elle ne s'est pas fait d'amie, et les filles de son âge ne semblent pas la voir. Une fois de plus, je me fais la remarque : une part de cette enfant est invisible. C'est la première fois que je rencontre un tel être. Quand j'essaie encore de la prendre en photo, je n'y parviens pas, sans comprendre ce qui se passe, si ce n'est que l'image m'échappe. Je ne peux appuyer sur le déclencheur, comme empêchée par quelque chose qui me dépasse : l'image refuse d'exister.

Lundi matin, avant même que l'horrible cloche des matines nous réveille, je suis déjà debout, prête de pied en cap, même si je regrette de devoir porter cette blouse grise qui cache une vilaine robe pas du tout à la mode et mes collants de laine bruns si peu seyants et troués au talon. Le père Lucas traîne beaucoup trop à mon goût, je piaffe devant l'écurie, en me demandant s'il n'a pas oublié que c'est le jour des courses. Il me décoche presque un sourire quand il me trouve, l'attendant. Il m'intime de m'asseoir à côté de lui dans la charrette. Agnès nous observe de loin, impatiente de connaître la suite des aventures des deux photographes, comme elle nous appelle déjà. La mère supérieure nous regarde aussi partir, depuis la fenêtre de son bureau, impatiente, pour sa part, de découvrir les photos du jour de la communion, mais aussi son portrait, dont elle rêve depuis longtemps, en cachette, j'en mettrais ma main au feu.

Pas besoin de pousser la porte, Étienne m'ouvre en grand la boutique. Dès que le père Lucas a passé l'angle de la rue, il m'attrape par les épaules et pose quatre baisers bien sonnants sur mes joues et me laisse abasourdie de ce geste amical et soudain. Je croyais pourtant avoir imaginé cet instant de retrouvailles de toutes les façons possibles. Pousser la porte et le trouver derrière son comptoir, lui sourire et lui tendre la main, ou bien le voir sortir de derrière la tenture noire et s'avancer vers moi les yeux émerveillés, ou bien encore monter les escaliers de son appartement et le retrouver devant un café fumant. Mais je ne m'attendais pas à ce qu'il soit aux aguets, prompt à m'accueillir et à m'embrasser sans chichis. Il a bien préparé un café et quelques tartines, et, sans hésiter, il ferme à clé la boutique en écrivant cette fois sur l'ardoise derrière la porte : « Fermé pour cause de tirage en chambre noire. »

Nous passons une bonne partie de la journée au labo, à tirer, retirer certains clichés, à chercher la luminosité exacte, à jouer sur le grain des images qui se projettent sur le plateau, sous l'agrandisseur. Emportés par notre ardeur à chercher la bonne tonalité sur le papier, nous ne voyons, ni l'un ni l'autre, passer le temps. Le labo a cette particularité d'abolir le temps linéaire, c'est ce que Pingouin m'a un jour expliqué quand j'ai commencé à tirer et oublié parfois de sortir à l'heure du repas. Le temps n'est plus que celui du cliché : il se dilue dans les bacs, dans les produits chimiques, se distend dans l'obscurité qui coupe totalement du monde extérieur ; il n'y a plus de notion de jour ou de nuit mais existe seulement le noir dans lequel on se meut dans l'oubli de soi, dans la préoccupation de ce qui se joue entre nos mains. Les images sont apparitions et inscrivent un monde revenu d'un passé proche ou plus lointain, selon qu'on tire rapidement ou pas les photos.

Étienne et moi semblons avoir la même idée de ce lieu et nous nous y accordons à merveille, sans avoir la nécessité de nous consulter ou de nous faire des politesses. Nous nous frôlons, je heurte parfois une chaise ou un meuble, je n'ai pas encore apprivoisé l'endroit, nos mains se touchent quand nous les tendons dans la même direction, nos souffles se font écho dans cet espace clos, et les images nous apparaissent dans un bonheur et un étonnement partagés.

La journée passe à toute allure. Nous rions beaucoup, à

tout bout de champ ; mais nous faisons aussi silence et mangeons nos casse-croûte et le gâteau qu'a préparé Étienne avec un pauvre œuf, une poignée de farine, un ersatz de sucre et quelques carrés de chocolat, sans doute sa provision de la semaine. Nous sommes assis dans la chambre noire, éclairée par une lumière rouge qui adoucit les angles et attendrit nos corps. Cette proximité nous semble naturelle à l'un et à l'autre, même si je ressens de drôles de picotements dans le bas du dos quand nos corps se rencontrent au croisement d'un geste ou d'un déplacement ; l'idée m'effleure que nous sommes assez prêts pour un baiser ou une caresse amoureuse et j'en tremble.

Il est presque dix-sept heures quand je prends conscience du temps passé. Tout à coup, après l'excitation des images en construction, je me sens vidée et presque triste. Cette journée a filé si vite que nous n'avons rien fait d'autre que de travailler côte à côte. J'ai adoré cette tension entre nous mais je voudrais pouvoir savourer les résultats de notre collaboration, avec Étienne, dans une fin de journée tendre et dans la lumière du jour. Au lieu de cela, je dois récupérer les photos, vérifier qu'elles ont eu le temps de sécher, les mettre dans une boîte, les presser les unes contre les autres en attendant de les glisser sous une pile de dictionnaires, afin qu'elles trouvent leur raideur et perdent ce mouvement arrondi dû au séchage sur la corde à linge. Je déteste cette urgence soudaine, avec cette sensation de fuir à la manière de Cendrillon.

Nous nous retrouvons tous les deux, au moment de nous dire au revoir, encore empreints de cette obscurité qui nous a enveloppés toute la journée, éblouis par la lumière du jour, ne sachant comment nous dire à quel point travailler au côté de l'autre, dans un même mouvement, une même sensibilité a été bouleversant pour chacun de nous. Je sais, je sens qu'il pense la même chose que moi à cet instant. Ni lui ni moi ne savons trouver les mots, si vite, pour nous dire que nous n'avons jamais l'un et l'autre ressenti quelque chose d'aussi puissant, quelqu'un d'aussi proche de notre passion. Un peu mal à l'aise, je sors l'argent que la mère supérieure m'a remis pour payer Étienne. Il me fait non de la tête. Je comprends, bien sûr. Comment payer ces moments-là ? Il n'y aurait jamais assez d'argent pour ce bonheur.

Quand je vois par la vitre de la boutique la charrette du père Lucas arriver, je m'approche d'Étienne vivement, et à mon tour je l'embrasse si vite sur les deux joues qu'il n'a pas le temps de réagir. Il me prend la main en balbutiant qu'il m'attend déjà lundi prochain. Nous nous occuperons du portrait de la mère supérieure, il va commander du papier assez grand pour cette occasion. Il m'attend, moi, déjà.

Assise près du père Lucas, je regarde sous la lumière du dehors les photos, glisse discrètement celle d'Agnès, que j'ai tirée en double, dans une des poches de ma blouse ainsi que les deux photos d'Hélène. La revoir, penchée sur sa valise, dos à l'objectif et le regard déjà tendu vers l'horizon d'un nouveau départ, me bouleverse. Le père Lucas, qui, malgré son air renfrogné tourné vers la route, ne rate rien de ce qui est en train de se jouer sur mon visage, passe sa main sur ma joue, aussi doucement que sa main rugueuse le lui permet, en bougonnant que cette guerre finira un jour, et que je serai libre enfin. C'est la première fois que j'entends vraiment la voix du vieil homme, et cette main sur ma joue me donne envie de tendresse. Je pose ma tête sur l'épaule du père Lucas ; déboussolé par ce geste, il n'ose pas bouger d'un iota et reste raide sur son siège. Je ne bouge plus jusqu'au moment où la route laisse apercevoir la flèche de la chapelle Saint-Eustache.

Alors je lève la tête et, une fois de plus dans la journée, sur un coup de tête, j'embrasse le père Lucas qui roule des yeux affolés de tant de familiarité soudaine. Quand nous entrons au couvent, le vieux bonhomme se tient fièrement sur son siège, souriant à la mère supérieure, qui s'agite devant la jument Tania heureuse de rentrer au bercail. La mère supérieure a un instant d'étonnement à la mine réjouie de Lucas, si inhabituelle chez le vieil ours, mais elle retrouve vite ses esprits en s'adressant à nous pour nous intimer de la rejoindre immédiatement dans son bureau.

J'aurais bien aimé pouvoir montrer mes photos à Agnès avant de les remettre aux sœurs, mais manifestement la mère supérieure est pressée de voir les clichés.

Pourtant, quand j'entre dans le bureau, je comprends tout de suite qu'il se passe quelque chose d'inhabituel. Sœur Marie est déjà là et semble nous attendre. Elle pousse une chaise devant moi, une autre au père Lucas et nous propose de prendre place. Je devine tout à coup la gravité de la situation. C'est la mère supérieure qui prend la parole. Deux policiers sont venus à Saint-Eustache aujourd'hui. Ils ont demandé à vérifier toutes les cartes d'identité. Comme je n'étais pas là, elle n'a pas cru bon de leur montrer la mienne. Par contre, elle n'a pu éviter de glisser au milieu de toutes les autres celle d'Alice. La petite Alice… Ils ont demandé à voir toutes les filles et ont contrôlé chaque nom et chaque photo. Quand est arrivé le tour d'Alice, ils lui ont demandé son nom et son prénom, elle s'est d'abord tue plusieurs minutes avant de se mettre à pleurer. Sœur Marie a vite réagi en inventant une histoire de punition. Elle a expliqué aux deux hommes qu'elle avait interdit à la petite de parler pendant toute la journée en pénitence d'un péché qu'elle avait commis. Ils ont tourné la carte d'identité dans tous les sens avant de poursuivre leur contrôle.

La mère supérieure n'est pas tranquille. C'est la première fois qu'un tel contrôle a lieu dans son institution. Sœur Marie et elle se demandent si elles n'ont pas été dénoncées. Elles ne veulent pas prendre de risque. Je vais devoir partir, avec Alice, dès cette nuit. Le père Lucas nous conduira quelque part, pour notre sécurité et celle de l'école.

Avant de me congédier, elle s'adresse une dernière fois à moi :

– Catherine, je te demanderai de t'occuper d'Alice. La pauvre enfant est orpheline, n'a plus que son frère. Elle est très perturbée, comme tu as dû t'en apercevoir. Ce changement va être un nouveau choc pour elle. Protège-la, sois la grande sœur qui lui manque. Elle a besoin de toi. Rappelle-lui à chaque instant qu'elle doit oublier son vrai nom. Je crains qu'elle soit capable de faire une bêtise, si on l'interroge de trop près.

Agnès. Pauvre Agnès. Je crois que depuis que je suis là, elle a retrouvé un peu de goût à la vie. Il va falloir que je lui annonce mon départ. Quand je pense à tous ces mensonges que j'ai dû faire. Il est temps que je lui dise la vérité. Je ne peux la quitter de cette façon. J'ai vraiment besoin qu'elle comprenne.

La mère supérieure m'a conseillé de ne pas trop en dire à mon amie. Mais ce ne sera pas la première fois de ma vie que je désobéirai à un adulte. Le père Lucas nous prendra à la nuit tombée, dans sa charrette, devant l'entrée du couvent. J'ai le temps d'aller préparer mes affaires et de tout raconter à Agnès. Je me force à ne pas penser à Étienne. Je ne peux tout affronter en même temps. Il m'attendra lundi prochain et je ne viendrai pas. Il ne comprendra pas. Nous ne nous reverrons pas.

Est-ce que j'ai tellement envie de vivre si c'est pour perdre tous ceux que j'aime, jour après jour ? Est-ce que je vais tenir le coup à quitter un lieu et puis un autre, dès que je commence à m'attacher à ceux que je rencontre ?

Je range mes négatifs avec soin et mets les deux tirages, d'Hélène et d'Agnès, entre les pages de mon carnet de bord, je finis mon sac et le glisse sous mon lit juste avant qu'Agnès ne me rejoigne, tout excitée à l'idée du récit qu'elle espère de moi. Elle a pensé aux « deux photographes » toute la journée et n'attend que d'apprendre ce qui a pu se passer entre Étienne et moi. Mais alors qu'elle m'espérait sautillante et lumineuse, elle me trouve la mine défaite, au bord des larmes. Elle s'arrête dans son élan, ravale la plaisanterie qu'elle s'apprêtait à faire, et se fige, inquiète. Sans un mot, je prends sa main et lui demande d'un signe de tête de me suivre. Je l'emmène dans la salle d'étude, vide à cette heure. Nous n'avons pas le droit d'y mettre les pieds en dehors des heures consacrées aux devoirs, mais je sais qu'à ce moment de ma vie j'ai tous les droits et que personne ne viendra nous ennuyer là. Je commence par lui tendre le cliché que j'ai fait d'elle, en flagrant délit de vol de choux à la crème.

Puis je baisse la tête et je lui raconte tout. Que je suis juive, cachée ici en zone libre, parce que les nazis pourchassent les juifs, que je n'ai aucune nouvelle de mes parents depuis plus d'une année, que je viens de Sèvres, une pension où j'ai laissé des amis, que je ne crois pas en Dieu mais que je suis pourtant juive, pour les autres, mais tout au fond de moi, pour moi aussi, que je l'aime, que j'aime Étienne, autrement bien sûr, qu'Alice aussi est juive, que je viens seulement de l'apprendre (comment ne l'ai-je pas compris avant ?), que si la police est passée aujourd'hui, c'était peut-être à cause d'une dénonciation, que je dois partir, une fois de plus. Que je pars cette nuit. Que je regrette tellement d'avoir dû lui mentir, que je n'ai pas pu faire autrement mais qu'aujourd'hui je n'ai pas la force de ne pas lui dire toute la vérité.

Agnès est atterrée, se rend compte qu'elle va perdre la seule amie qu'elle ait jamais eue depuis son exil. Elle hésite entre me détester et me plaindre, je le sens ; elle ne trouve rien à me dire tant elle est assommée. Après un long moment dans le silence, je lui propose d'aller à la recherche d'Alice, qui doit être terrorisée de tout ce qui s'est passé dans la journée.

À vingt-trois heures, le père Lucas sort avec sa charrette du couvent. Derrière lui, nous sommes, Alice et moi, emmitouflées dans une couverture et recouvertes par des sacs de toile de jute. Alice est blottie contre moi. La vieille jument Tania prend la route qui passe par Riom pour une destination connue du seul père Lucas. À la porte du couvent, deux sœurs nous font un dernier signe. L'une d'elles a les mains posées sur les épaules d'Agnès, tellement en colère qu'elle jure entre ses lèvres, dans le silence de l'obscurité, contre Dieu et tous ses saints.

Quand le père Lucas arrive à la gare routière de Clermont-Ferrand, il soulève les sacs de pommes de terre et me promet de faire ce que je lui demande : lundi prochain, il s'arrêtera à la boutique du photographe et lui passera ce message que j'ai griffonné sur une page de cahier : *« Pardonne-moi, je dois partir, je ne l'ai pas choisi. Je te promets que je reviendrai un jour. »*

En attendant, il glisse un bout de chocolat et des biscuits dans nos poches, sans nous dire un mot de plus, les rides de son front sont plissées et ses yeux ronds brillent dans la nuit. Il part sans se retourner, nous laissant avec une femme d'une cinquantaine d'années, qui nous pousse devant elle pour monter dans un car presque vide.

14

J'échange quelques mots avec la femme pendant qu'Alice dort, couchée sur mes genoux. J'apprends ainsi que le car part pour Limoges et que, là-bas, une famille nous accueillera. En cas de contrôle, elle se présentera comme notre tante, en espérant qu'« ils » ne vérifieront pas les papiers de la petite endormie. Compte tenu de l'urgence de la situation, les membres du réseau n'ont pu trouver une seconde accompagnatrice, et ce voyage a été organisé à la va-vite. Aucune de nous n'a le même nom, impossible donc de nous faire passer, Alice et moi, pour deux sœurs. La femme essaie malgré tout de me rassurer : elle fait souvent ce trajet et ne s'est jamais fait contrôler. Elle me conseille de dormir, demain risquant d'être long et éprouvant. À Limoges, nous arriverons dans la famille et nous devrons vite nous glisser dans notre nouvelle vie.

Je ne trouve pas le sommeil. Je songe à Étienne, Agnès, Sarah, Jeannot, je pense à mes parents et aussi à cette petite Alice si fragile, la tête posée sur mes cuisses. Je n'ose pas bouger malgré une douleur qui crie dans mon dos, de peur de réveiller l'enfant. L'une et l'autre, nous sommes maintenant liées, nous formons une famille, celle des noms perdus, celle de l'errance. Je la protégerai, jusqu'au bout du monde s'il le faut, comme m'en a priée sœur Marie. Je m'accroche à cette idée : c'est bien le seul sens que je trouve à ma vie en ce moment. Prendre en charge Alice, c'est trouver la force pour ne pas tomber dans la tristesse des souvenirs et des rendez-vous manqués. C'est rester en vie.

Notre accompagnatrice, dont je ne sais pas même le nom, nous laisse au petit matin à un couple de paysans qui nous fait grimper dans une charrette, en nous demandant seulement de nous taire, dans l'immédiat. La femme nous tend un bout de pain et de fromage, une bouteille de lait et nous enfouit sous un fatras de draps. Nous partageons Alice et moi ce déjeuner, et tout doucement, pour que personne en dehors de l'enfant ne m'entende, je lui chantonne une vieille rengaine que ma mère me fredonnait quand j'étais petite : *De faïence et de porcelaine, Raccommode objets de valeur, Choses modernes, choses anciennes, Je répare bien des malheurs, Ainsi j'évite bien des peines, Je suis le raccommodeur, De faïence et de porcelaine…* Le cheminement et ma voix-murmure nous bercent l'une et l'autre dans un temps suspendu où les rêves trouvent une place et deviennent possibles. Alice et moi nous y agrippons et nous marchons comme des funambules sur le fil de nos imaginaires, vers nos espoirs les plus fous. J'ai seulement à la regarder pour savoir qu'Alice est partie au pays où son frère, ses parents la prennent dans leurs bras en riant.

La charrette s'arrête dans la cour d'une grande ferme, sans que je sois capable de dire combien de temps s'est écoulé depuis la gare routière. Nous avons traversé un nouveau passage, d'une rive à l'autre, main dans la main, chacune dans nos songes, presque tranquillement. Nous descendons de la carriole, un peu engourdies par la nuit et l'inquiétude ; je porte nos deux sacs et Alice tient ma main.

Des poules et des oies se promènent librement et se faufilent entre nos pieds, sans être effrayées par nos présences. Elles viennent au contraire frotter leurs plumes contre nos jambes, comme un chien vient chercher la caresse quand son maître rentre au foyer. Cela fait rire Alice. Elle les compte du bout des doigts, se penche pour passer sa main sur les têtes et crêtes en tout genre, et les bêtes se laissent faire, comme si ces gestes étaient naturels. Comme si elles avaient déjà apprivoisé l'enfant. Alice, à côté de ces petits animaux, semble à peine plus grande, et au moment précis où j'assiste à cette scène je sens le courage me revenir. Je suis responsable de cette toute petite fille au fond d'elle tellement désespérée et qui pourtant est capable de rire soudainement à la vue d'un oiseau. Ce rire tout à coup me laisse imaginer que la vie est à portée de main, qu'il s'agit de ne pas la laisser disparaître, et je me souviens que nous sommes vivantes, elle et moi.

Les fermiers ne sont pas très bavards. La femme nous désigne le banc et va nous chercher à la bergerie, à même le seau, un bol de lait. Nous buvons chacune à notre tour, goulûment, ce liquide chaud et nourrissant. La fermière nous fait ensuite entrer dans la maison et nous indique une chambre, derrière la cuisine. Deux lits, une cuvette, un pot de chambre et deux chaises, une petite table avec deux bougies et une boîte d'allumettes. J'installe nos affaires, fais les lits avec les draps propres qui sont posés sur une chaise. À la demande d'Alice, je rapproche les deux lits, et quand nous ne trouvons plus rien à faire, nous attendons, assises sur un lit, nos sacs posés dans un coin de la pièce. Nous attendons, épaule contre épaule, sans savoir ce qui nous attend. Nous vagabondons dans nos souvenirs et nos pensées, somnolons quelques secondes avant de nous remettre à divaguer chacune dans notre univers.

La femme qui nous a laissées, sans même évoquer notre proche avenir, vient nous chercher presque deux heures plus tard. Elle nous explique que nous allons habiter là, avec son mari, leurs deux enfants et elle-même. Elle va nous présenter, aux voisins et à ceux du village, comme deux orphelines dont elle sera la nourrice, jusqu'à ce que notre tante nous récupère. Nous ne sommes pas sœurs mais cousines, ce qui peut expliquer nos noms de famille différents. Nous irons à l'école communale, à cinq kilomètres de la maison, comme leurs enfants y sont un jour allés. Maintenant, ils travaillent à la ferme. Je suis un peu trop grande pour la petite école, mais dans le coin il n'y a pas grand-chose d'autre. Donc, mieux vaut que j'y aille avec la petite, je fréquenterai pour ma part la classe du certificat d'études pendant qu'Alice sera en cours élémentaire première année. Quand nous rentrerons de l'école, nous donnerons un coup de main à la ferme, parce qu'il y a du travail pour tout le monde ici. Nous serons comme leurs propres enfants. Elle précise qu'habiter une ferme, ce n'est pas comme habiter un appartement à la ville : on a toujours à faire. Nous devrons nous y accoutumer. Elle propose à Alice de s'occuper de la basse-cour dès demain : c'est elle qui donnera le grain aux poules, aux oies, aux canards, mais aussi les épluchures et le foin aux lapins. Les yeux d'Alice brillent, elle n'aurait jamais imaginé avoir une mission si importante ; elle sait déjà qu'elle aime ces animaux et qu'elle s'occupera d'eux le plus sérieusement du monde. La fermière, malgré son air bourru et sa façon un peu brutale d'aller à l'essentiel, sans détour ni fioritures, a compris comment apprivoiser ma petite Alice et je lui en suis reconnaissante, même si je n'arrive pas à accrocher ses yeux pour le lui signifier. Elle ne me regarde pas, et agit comme si elle s'adressait à des êtres invisibles, en continuant à occuper ses mains aux menus travaux ménagers. Moi, me dit la fermière, je toucherai un peu à tout : éplucher les légumes pour la soupe mais aussi décharger les bottes de foin pour les chevaux ou retourner la terre du potager ou traire les brebis. En attendant, elle nous demande d'aller mettre le couvert. Du menton, elle nous montre où se trouvent assiettes, verres, fourchettes et couteaux et passe un coup d'éponge sur la table de bois avant de nous laisser la place, en silence.

Le premier repas à la ferme est étrange. Personne dans la famille n'est très loquace. Des silences entrecoupés de quelques murmures. Et puis le bruit des bouches qui mâchent et les sons invisibles de la maison, craquements et tintements. Le repas est bon et copieux, l'homme nous sert même un verre de vin rouge mélangé à de l'eau, ce qui me surprend, mais je n'ose rien dire, et amuse Alice, tout en lui faisant les joues roses. Le père grogne plutôt que de parler et fait un peu peur à la petite, qui a tendance à baisser la tête quand il dit quelques mots. Nous comprenons dans les bribes de phrases soufflées çà et là par le mari et la femme que nous commencerons l'école dès demain. Nous traverserons les champs pour y arriver et devrons nous lever à six heures du matin, avant même le soleil. Nous aurons une heure de marche au moins, si la petite a un bon pas et ne traîne pas trop, précise le père. Nous emporterons notre déjeuner dans notre sac et rentrerons le soir après l'étude. Nous raconterons à tout le monde que nous sommes en pension chez la Jeanne et le Marcel, et personne ne nous en demandera plus. Louis et Maryse, les deux enfants de dix-neuf et dix-huit ans, ne sont pas plus bavards que leurs parents et nous regardent avec une sorte de méfiance. Ils ne mouftent pas, mais je ne les sens pas très heureux de notre présence, voire même gênés. C'est vrai que cette famille, comme les sœurs au couvent de Saint-Eustache et comme Pingouin et Goéland à Sèvres, prend des risques importants en nous accueillant.

Je m'en veux d'avoir oublié cela si vite, et d'être si peu reconnaissante à tous ces inconnus qui mettent leur vie mais aussi celle de leur famille en danger pour nous protéger. J'ai ressenti de la colère à chaque départ et chaque arrivée, envers ceux que je quittais et ceux qui me recevaient. Cependant, tous défient une loi qu'ils trouvent injuste et sont prêts à tout pour me sauver la vie. Promis juré, j'aiderai au mieux les fermiers et je ferai tous les efforts de la terre pour me montrer agréable avec tous, malgré leurs mines renfrognées, malgré leur allure de rustres, leur sécheresse, malgré cette ferme où le silence prend toute la place, même si dans le fond je déteste cet endroit et l'idée d'être là pour une durée qui pourrait se révéler longue. Ces gens sont généreux, je n'en doute pas, mais ils ont l'air d'être si taciturnes et si différents de tous ceux que j'ai l'habitude de côtoyer que je n'ai a priori aucune sympathie pour eux. Mais j'ai déjà de la reconnaissance, pour ce qu'ils font pour moi, mais aussi parce qu'ils vont s'occuper avec moi d'Alice. Leur rudesse me pèse malgré tout. Je devrais pourtant savoir qu'un homme bourru comme le père Lucas a su se montrer d'une grande délicatesse, mais cette famille semble tellement fermée et si peu chaleureuse… Cela n'augure rien de folichon, je le crains.

La seule chose qui me rassure vraiment est qu'Alice paraît plus à l'aise que moi. Les animaux et la responsabilité qu'on lui a donnée à la basse-cour la font sourire, et peut-être aussi le vin rouge qu'elle a bu avec gourmandise pendant le repas. Cette petite me surprend de plus en plus.

Nous nous mettons à la vaisselle toutes les deux, Alice perchée sur un tabouret pour essuyer les verres. Cela a l'air de faire plaisir à la mère, qui sans grande exubérance nous lance, avant de retomber dans le silence du tic-tac de la pendule :

– C'est bien, les filles, faut continuer comme ça et on va bien s'entendre tous qu'on est là.

Après le dîner, dans la nuit éclairée par une lune toute ronde, les enfants des fermiers, à la demande brève et concise de leurs parents, nous font faire le tour du propriétaire. Ils montrent à Alice où trouver le grain et le foin, quelle quantité donner aux bêtes et à quel moment les nourrir. Quant à moi, ils me désignent où prendre le fourrage pour les chevaux, comment nettoyer l'écurie avec la fourche, me montrent du doigt le potager, les outils de jardin, bêche, plantoir, pelle et pioche, m'amènent à la bergerie où patientent les brebis, et me font une démonstration de traite, un pis puis l'autre, dans un mouvement ferme, les mains concentrées sur l'animal, sans oublier de glisser le seau sous le ventre de la brebis pour ne pas perdre le lait. Ils s'acquittent de leur tâche sans aucune remarque, sans laisser filtrer un quelconque intérêt pour nous.

Aucune question, pas un sourire mais une rigueur et le souci de ne rien oublier. Toutes ces informations me tournent la tête ; je suis épuisée de ne pas avoir dormi la nuit dernière et de toutes ces choses nouvelles à retenir. Je me force à garder le sourire, ne montre rien de mon impatience ni de ma colère qui monte. J'ai envie de leur hurler de se taire, de nous laisser en paix, de se débrouiller avec leurs brebis, leurs boucs, leur jardin, leurs poules et leurs pioches, leur monde tout entier. J'ai peur de tout oublier, de comprendre de travers et de ne pas être à la hauteur. Je me retiens en même temps de leur demander pourquoi ils sont si peu agréables avec nous. S'ils s'imaginent une seconde que nous sommes là pour notre plaisir !

Je rêve du moment où nous pourrons nous coucher. J'aimerais dormir, sans penser à cette vie nouvelle qui ne me donne aucune envie. Les deux jeunes fermiers sont aussi charmants que les portes d'un hospice et je désespère du moment où cette visite va se terminer. Mais je me suis promis d'être reconnaissante à ces gens, quoi qu'il en soit de leur façon d'être. Je dois tenir le coup jusqu'à la fin de cette visite et puis nous irons nous coucher. Demain, à cinq heures, nous devrons nous lever pour ne pas être en retard à l'école communale. Quel retour en arrière, une fois de plus…

Le tour du propriétaire terminé, la famille au complet, dans un bruit proche du grognement, nous marmonne enfin un bonsoir. Dans la chambre, la porte refermée sur notre intimité, Alice se déshabille et se glisse sous les draps après m'avoir embrassée. Avant de s'endormir, elle me confie :

– Je crois que j'aime bien ici. Et puis je suis contente d'être avec toi. Je suis plus toute seule maintenant. Tu crois qu'on pourra écrire une lettre à mon frère demain ?

Moi, je n'aime vraiment pas ici, mais sa petite voix apaisée me fait sourire. Je me suis promis de veiller sur cette petite avant même de savoir que nous étions compagnes d'exil et coreligionnaires. Si Alice est bien dans cette ferme, c'est ce qui peut nous arriver de mieux. Dans mon journal de bord, avant de m'endormir, j'écris quelques mots : *« Étienne, dis-moi que tu m'attendras, promets-le-moi. Tu sais, j'ai apprivoisé un petit oiseau fragile et j'en suis responsable. Je dois lui apprendre à voler. M'y aideras-tu ? »*

15

À cinq heures du matin, sans ménagement, la fermière ouvre la porte, la fenêtre de la chambre et soulève d'un geste brusque couvertures et draps. Encore ensommeillée, je me demande ce qu'il m'arrive, et il me faut plusieurs secondes avant de me rappeler où je suis et pourquoi on me réveille aussi tôt. La fermière nous verse de l'eau, froide, dans la bassine, laisse une serviette propre et nous suggère de nous débarbouiller. Après un petit déjeuner copieux, que nous avons du mal à avaler tant il est tôt, le fermier nous montre du doigt l'horizon et bougonne :

– Tout droit. Vous coupez à travers champs. Au village vous trouverez l'école. C'est marqué dessus. À ce soir.

Tout droit… J'ai toujours eu un sens de l'orientation défaillant, ce qui m'a souvent valu les moqueries de mon père qui s'amusait beaucoup en me demandant le chemin à prendre quand nous sortions en métro ou à pied. Tout droit… Je vois des champs et des champs, rien d'autre. Pas de village en vue. Pas de chemin non plus. Il faut couper à travers champs, comme a dit le fermier. Courageusement, autant que je le peux en tout cas, je prends la main d'Alice qui commence à se réveiller et qui veut donner à manger aux animaux avant de partir. J'hésite mais accorde à l'enfant ce premier retard : elle est responsable de plus petits qu'elle et prend son rôle au sérieux. Je l'accompagne, l'aide à nourrir canards, oies, poules et lapins et nous voilà parties, enfin, tout droit…

Aucun point de repère pour nous guider. Marcher droit, tout droit dans ce petit matin. Les champs de céréales moissonnés succèdent aux pâturages où paissent quelques bêtes, au loin ; pas d'arbres, mais des arbustes et des buissons de genévriers, qui piquent les jambes au passage, des murets à sauter. Tout droit, a dit le fermier : des portails de métal rouillé à pousser, des orties qui démangent quand nous nous y frottons de trop près pour ne pas déroger au « tout droit ». Tout droit, a dit le fermier : des croisées de chemins qui ne sont pas les nôtres, quelques bottes de foin échouées çà et là. Tout droit, sans se dérober à l'horizon.

Au bout d'une demi-heure de marche, qui me paraît interminable, nos yeux ne pouvant s'accrocher à aucune branche, à aucune cible, nous apercevons au loin un clocher. Dès lors, je ne crains plus de nous perdre et nous accélérons l'allure. Alice courageusement ne se plaint pas, elle essaie de se mettre à mon rythme, inquiète des vaches que nous croisons de loin en loin. Autant elle aime les petits animaux de la basse-cour, à sa taille, autant elle a peur de ces bestiaux monstrueux qui mâchent leur herbe en la regardant de biais. Elle les imagine la coursant dans les prés et sait déjà que ses petites jambes l'abandonneraient vite devant ces énormes bêtes. Elle se voit piétinée sous les sabots des vaches et des taureaux, avec pour dernière pensée son frère qu'elle ne pourra plus jamais revoir. J'essaie de la faire rire en me moquant doucement de son scénario catastrophe mais la petite ne se déride pas. Elle lève les yeux vers moi, pour que je croise sa terreur, et serre ma main.

Nous franchissons enfin le dernier muret et nous retrouvons dans le village. Nous repérons sans mal l'école communale, le seul lieu vivant dans ces ruelles désertes. L'institutrice a été prévenue de notre arrivée : le fermier est venu nous inscrire, hier. Elle ne nous laisse pas nous présenter et commence à nous raconter qu'elle est au courant de notre venue :

– Le vieux rustaud a ânonné que sa famille vous accueillait pour quelque temps, en attendant que vos tantes vous récupèrent. Je l'ai regardé repartir dans sa carriole en pensant que vous n'alliez pas rire tous les jours. Je connais ses enfants, ils ne sont pas mieux embouchés que lui. Une bande de lourdauds qui n'ont pas inventé le fil à couper le beurre.

Je sens déjà que cette femme va m'agacer. Elle s'adresse à moi en espérant que je vais remonter le niveau de tous « ces gosses du village » et des hameaux avoisinants. Elle est persuadée qu'ils ne comprennent rien à tout ce qu'elle tente de leur apprendre. Pas un n'est capable de recopier sans faute d'orthographe ce qu'elle écrit au tableau, pas un ne peut faire deux additions sans oublier une retenue ; sans mentionner les divisions qui leur parlent autant qu'un sermon en chinois. Elle n'a pas choisi ce métier et n'hésite pas à nous avouer qu'elle ne l'aime pas. C'est cette sale guerre qui l'a conduite à nouveau sur les bancs de l'école. Elle avait eu son brevet d'études supérieures et espérait partir à Limoges, pour travailler dans un bureau. À la poste ou, mieux encore, dans une banque. Elle a toujours rêvé de quitter ce village pour fréquenter des gens de la ville, « un peu plus ouverts, et sans aucun doute, ce n'est pas difficile, beaucoup plus intelligents que ces ploucs ».

Décidément, cette femme me plaît de moins en moins. Elle montre un tel mépris pour les autres et une telle admiration pour sa petite personne que j'ai déjà envie de tourner les talons. Et en plus, elle parle, parle, ne s'arrête pas de parler, s'adressant à nous deux comme si nous étions ses intimes. Je sens qu'Alice est ailleurs, dans ses rêvasseries, malgré ses yeux grands ouverts.

Malheureusement, l'instituteur du village a été appelé sous les drapeaux et, très vite, l'école s'est trouvée sans maître. C'est le curé qui l'a obligée à reprendre l'école communale en main. Lui qui jusqu'alors n'hésitait pas à la traiter de pécheresse, « plus prompte à s'habiller avec des robes à la mode que d'aider son prochain », lui qui sans gêne lui parlait de ses « caprices de fille gâtée », lui qui lui prédisait de « mal finir » est venu la trouver pour lui faire cette requête. Elle est devenue tout à coup indispensable au village, unique, la plus à même de faire la classe aux enfants qui ne pouvaient pas rester sans rien faire, sous prétexte de la guerre.

– Finies les critiques acerbes, je suis devenue la sauveuse, la Jeanne d'Arc du village.

Elle a hésité à partir malgré tout à Limoges mais, avec cette guerre, elle a eu peur de ne pas trouver un emploi dans cette ville. Au moins ce travail lui permet de mettre un peu d'argent de côté, mais elle s'est promis de ne plus jamais faire la classe dès que la fin de la guerre sonnera.

– Je suis curieuse de savoir qui peut vous avoir confiées à cette famille de paysans attardés. C'est quand même bizarre.

Elle nous a raconté tout cela, d'un trait, sans même que j'aie eu le temps de dire un mot, et devant tous les enfants présents. Ça promet… Cette institutrice me fait l'effet d'une belle idiote et me rendrait presque sympathique notre famille d'accueil. Quelle prétentieuse ! Elle est habillée comme si elle sortait tout droit d'un film américain, maquillée comme si elle était sur un plateau de tournage. Elle nous montre de l'index :

– Alice, à gauche avec les petits, Catherine, joli prénom, ajoute-t-elle au passage, à droite, avec les plus grands.

Elle nous remet un cahier à chacune, nous présente rapidement à la dizaine d'enfants, de six à treize ans, et me demande de venir écrire la date au tableau, sans doute pour vérifier si je suis au moins capable d'écrire le jour et le mois sans erreur. Au moins rassurée là-dessus (« Un petit espoir peut-être en cette nouvelle journée ? » me glisse-t-elle avec un clin d'œil), elle commence un nouveau jour de classe, en inscrivant au tableau la phrase de morale. C'est aujourd'hui : « Qui vole un œuf vole un bœuf », maxime qu'aucun des enfants présents ne semble comprendre, malgré les questions qu'elle pose, tout en donnant quelques indices. Les seules remarques qu'elle tire sont, selon elle, absurdes ou sottes :

– Mais madame, les renards qui volent les œufs, ils ne s'attaquent pas aux bœufs, je vous assure.

Ou bien :

– Le père Boulot, il en pique des œufs, surtout quand il a bu un coup, mais quand il est saoul comme ça, il a si peur du fusil de grand-père qu'il détale comme un lapin. Je le vois pas aller voler un bœuf, faut pas exagérer quand même, c'est pas pareil.

Je m'amuse en silence de ces discussions. Je connais ce proverbe et je connais surtout son pendant : « Qui vole un œuf vole de ses propres ailes »... mais je ne m'imagine pas en faire part à la classe, qui serait d'ailleurs peut-être plus prompte à comprendre sa signification. Quand l'institutrice se tourne vers moi, pleine d'espoir, pour me solliciter, je me plie à sa demande et j'explique à la classe, curieuse de m'écouter, le sens de cette phrase. Mlle Armande, soulagée, s'imagine que peut-être elle va enfin trouver quelqu'un avec qui parler dans cette fichue classe. Quant à Alice, elle se demande bien ce que signifie tout cela, malgré mes explications. Quand j'en ai fini de mon petit laïus, elle chuchote à mon oreille :

– Qui aurait l'idée de voler un bœuf ? Comment est-il possible de voler un animal aussi gros ? Et surtout, pour quoi faire ?

L'institutrice passe du cours de morale aux pages d'écriture : tout le monde doit recopier le texte de la page 13 du manuel *Le Tour de la France par deux enfants*. Pour les plus petits, la difficulté est énorme : la plupart ne connaissent pas encore l'alphabet et doivent déjà imiter des mots imprimés. Pour les plus grands, l'exercice est plus simple mais guère intéressant. Je suis éberluée par ces méthodes étranges et, après avoir recopié en quelques minutes le paragraphe concerné, je me plonge dans la lecture de ce petit livre qui m'est inconnu. Les deux enfants de l'ouvrage partent à la recherche d'un oncle, après le décès de leur père et l'annexion de l'Alsace-Lorraine. Je me plonge sans retenue dans cette histoire où André et Julien parcourent la France et découvrent les régions de façon un peu exotique. Je me laisse vite prendre au plaisir de la lecture. Les deux garçons sont un peu comme moi et Alice, ils vont de lieu en lieu et doivent tout découvrir et réapprendre à chaque fois.

Je n'ai pas besoin de plus d'une heure pour en finir avec cette histoire, je lève le nez, fais deux opérations et répète à haute voix avec l'ensemble de la classe les tables de multiplication. Je m'inquiète déjà de ce que je vais faire dans cette classe les jours à venir. J'ai déjà fini le livre de lecture, les opérations de base sont pour moi acquises depuis belle lurette, et cette institutrice n'a pas l'air très futée. Même les cours de latin de Saint-Eustache étaient plus intéressants que ce que cette jeune idiote nous propose. Elle distingue à peine les enfants de six ans de leurs aînés et n'a pas pris la peine d'enseigner aux plus petits le b.a.-ba de l'écriture.

C'est pendant que Mlle Armande se fâche contre un des plus jeunes qui ne suit pas que je prends une grande décision : je vais m'occuper d'Alice, sinon cette petite va perdre le peu qu'elle a déjà acquis chez les sœurs. Je lui apprendrai à lire et à écrire. Aucun doute : l'ennui va commencer et risque de durer plus que de raison, j'ai tout intérêt à prendre les choses en main, en espérant qu'un jour je retrouverai ce bonheur d'apprendre et de découvrir que j'ai connu à Sèvres, le seul endroit où on m'a laissée penser que je pouvais être intelligente.

La récréation dure presque une heure le matin. L'instit n'est pas une accro du travail et les récréations lui laissent le temps d'aller se recoiffer. À cette première récré, les enfants se massent autour de nous pour nous demander qui nous sommes, d'où nous venons, et pourquoi, et comment, et si le Marcel n'est pas trop méchant avec ses grognements d'ours et son fusil, et si nous savons jouer aux osselets, à la marelle, au facteur et à attraper des lièvres... Nous répondons aux questions du bout des lèvres, sans trop en dire, et les autres se lassent vite de nous, je les entends déjà chuchoter, assez fort pour que nous les entendions, que « ces filles de la ville sont des crâneuses qui pètent plus haut que leurs fesses ». Au bout d'un quart d'heure, la bande des élèves s'égrène dans la cour dans des jeux bruyants, nous laissant assises sur un banc, tranquillement. Alice me demande de lui chanter tout doucement la chanson, celle d'hier. Je fredonne le morceau, nous cherchons notre courage, côte à côte, sans rien laisser apparaître des émotions qui nous submergent. Je me demande ce que je fais ici et pour combien de temps.

Pendant que nous étions assaillies par filles et garçons, Mlle Armande est remontée chez elle pour boire tranquillement son café en lisant un magazine de cinéma, devant sa fenêtre, de façon à avoir la cour en ligne de mire et sans doute pour qu'on la regarde jouer les starlettes à l'étage. Elle nous fait signe, à Alice et à moi, et nous montre les escaliers. Ni Alice ni moi n'avons envie de la rejoindre, nous sommes presque bien, sur ce banc, maintenant que les autres nous ont fichu la paix, mais difficile de ne pas obéir à cette nouvelle maîtresse, qui nous invite à monter chez elle. Nous n'avons pas encore poussé la porte de son appartement qu'elle recommence avec ses bavardages, tout en avançant deux tabourets vers nous. Elle ne s'adresse qu'à moi, comme si elle ne voyait déjà plus Alice :

– Tu as l'air moins sotte que tous ces ploucs, tu es déjà allée au cinématographe ? J'adore toutes ces artistes séductrices et si séduisantes qui jouent dans les films, longues robes noires fendues, décolletés expressifs, gants qui montent au-dessus des coudes, et le nec plus ultra est cette habitude qu'elles ont de fumer en utilisant un porte-cigarettes. Je ne connais rien de plus chic que ce geste-là et j'ai bien l'intention, dès la fin de la guerre, de me trouver un de ces objets, et de me mettre à fumer. Un des drames de ma vie est de n'avoir jamais eu l'occasion d'aller moi-même au cinéma. Pourtant, je peux te dire que j'en sais un bout sur les chefs-d'œuvre de ces dernières années : *Gueule d'amour*, avec le beau Gabin, un homme viril et costaud, et Mireille Balin, en belle aventurière ; *Regain*, avec ce drôle de Fernandel à la mâchoire de cheval ; *Hôtel du Nord*, avec Arletty et son accent de titi parisien… Je lis tout ce qui s'écrit, et que je trouve, sur tous ces gens tellement exceptionnels, tellement en dehors de la vie ordinaire. Quand j'habiterai la ville, j'irai chaque semaine voir des films, et je suivrai l'actualité cinématographique en direct. Et si un jour je monte à Paris, j'irai à l'Arlequin, dans le Ier arrondissement. Je m'offrirai pour l'occasion une robe noire et des bas résille. Avec un peu de chance, je serai au bras du banquier que j'aurai épousé d'ici là. Pour l'instant, quand je peux trouver quelques magazines, je les achète et découpe les plus belles photos que je colle dans un cahier, pendant les récréations et le soir, quand j'en ai fini avec ces sales mômes crottés et sans avenir.

Tout ça d'une traite, sans que j'aie pu dire un mot, d'ailleurs je suppose que cela ne l'intéresse pas : elle a seulement besoin d'être écoutée et admirée. C'est la première fois de ma vie que je rencontre une personne aussi tournée vers elle-même et si peu intéressée par les autres. Elle finit par nous pousser vers l'escalier, en nous promettant de nous inviter souvent :

– On voit bien que vous n'êtes pas comme les autres. Vous, au moins, vous êtes des filles éduquées, ça se voit tout de suite.

À midi, nous retrouvons notre banc et croquons à pleines dents dans le casse-croûte préparé par la fermière. Nous savons à quel point nous avons de la chance de manger ce pain frais, cette viande et ce fromage. Nous avons déjà eu faim dans notre vie. Mais quand je pense à ce temps de la faim, je me souviens aussi que c'était avec ceux que j'aimais et qui m'aimaient. La chance me semble alors moins évidente et le pain plus caoutchouteux. Heureusement, Mlle Armande ne nous fait pas monter chez elle, et c'est tant mieux parce que nous avons seulement besoin de calme et de silence pour rêvasser.

C'est à l'étude, après la journée d'école, que je souffle à Alice de ne pas s'inquiéter. Je trace sur son cahier la lettre A et lui propose de la recopier, en s'appliquant bien. Alice tire la langue et fait au mieux. Elle a tellement envie d'apprendre à lire et à écrire pour enfin correspondre seule, avec son frère, qu'elle y met toute son énergie et son habileté. Rapidement, elle lève le nez vers moi et me réclame le B, avec gourmandise. Je suis certaine alors qu'Alice saura bientôt lire et écrire, avant que cette idiote d'institutrice, qui n'est déjà plus là, alors qu'elle a donné des devoirs à faire à l'ensemble de la classe, ne se préoccupe d'elle.

Quand Mlle Armande prend la peine de sonner la fin de l'étude à la cloche de métal accrochée près de la porte de la salle de classe, nous retraversons les champs, tout droit, dans l'autre sens. Cette fois, aucun clocher ne nous apparaît au loin. Rien d'autre que les champs de céréales moissonnés depuis un moment, des prairies où paissent les vaches de loin en loin, les murets, les genévriers, les arbustes, les orties qui brûlent les jambes, les portillons de métal à pousser.

Tout droit, dans l'autre sens. Quand nous arrivons à la ferme, la nuit commence à tomber. Et ce n'est que le début de l'automne, ce qui promet la nuit noire sur les trajets du matin et du soir d'ici peu. La journée a été longue, Alice traîne les pieds, elle n'est pas habituée à marcher autant et puis nous sommes debout depuis l'aube. Elle pense pourtant qu'elle doit donner à manger aux bêtes à son arrivée. Au dîner, Alice s'endort sur la table, sans même finir sa soupe. Je la porte doucement dans notre chambre, la déshabille et la couche en l'embrassant sur le front. Incroyable comme cette enfant est légère.

Cette petite fille est d'un courage et d'une force qui me surprennent. J'espère que je serai à la hauteur et que je ne faillirai pas à ma mission. La protéger mais aussi lui apprendre tout ce que je sais. Nous commencerons par l'écriture et la lecture, mais qui sait si je ne lui donnerai pas le goût de la photographie ?

16

Rien ne m'a encore donné envie de sortir mon Rollei. La ferme regorge sûrement de coins et d'images, mais je n'ai, pour l'instant, pas le cœur à aller les chercher. Ni le temps, il est vrai. Mon Rollei me ramène à Étienne, à l'absence, à la peur de ne pas revoir ceux à qui je tiens tant. J'observe Alice, les traits détendus dans son sommeil, et je me rends compte de ce qu'a déjà vécu cette enfant, de toutes ces morts autour d'elle, de l'éloignement de ce frère, le seul être de sa famille qui lui reste. Comment pourrais-je me plaindre, moi qui ai tant d'amis qui m'attendent, moi dont les parents sont quelque part, j'en suis certaine, ils ne peuvent être…

Non, je ne peux, je ne veux m'imaginer une seconde qu'ils ne soient plus. Comme chaque soir depuis des semaines maintenant, je sors de la chambre pour faire la vaisselle, dernier acte de la journée qui exige de moi une âpre lutte contre la fatigue. Je souhaite enfin bonne nuit à mes hôtes qui marmonnent sans doute les mêmes mots, je n'en suis même pas sûre tant c'est indistinct, et je retrouve mon lit, pour m'endormir plus vite que je ne l'aurais voulu.

L'hiver arrive avec ses frimas et ses nuits qui n'en finissent pas. Les fermiers gardent ce ton bourru qui nous devient familier. Je me suis même habituée au tic-tac de l'horloge qui ponctue les repas. Pourtant, à d'infimes gestes, je comprends que les fermiers ont de l'affection et des attentions pour nous maintenant. Le fermier, quand il pleut à verse, vient nous chercher avec sa carriole et prend soin de nous couvrir avec une bâche pour nous protéger. Sa femme a remarqué qu'Alice aimait la soupe au chou et en fait plus souvent que normal ; que moi, j'aime le fromage frais de brebis, alors elle m'en met de côté et me le donne dès que nous arrivons de l'école, avant même de dîner. Les enfants ne sont toujours pas très causants mais, de façon évidente, moins désagréables, et je crois bien avoir saisi plusieurs fois un sourire qui m'était adressé, de la part de Louis. (Au secours… qu'il ne tombe pas amoureux de moi ! Ce serait le bouquet !) Quant à Maryse, plusieurs fois, elle a aidé Alice à nourrir les animaux, en la tenant par la main.

Nous attrapons ce rythme de nous lever très tôt et nous endormir vite après le dîner. Parfois, Alice me demande de lui lire quelques vieilles lettres de son frère et elle ferme les yeux pour emporter les mots et les souvenirs dans son sommeil.

J'ai appris à traire les brebis et apprécie ces moments dans la touffeur de la bergerie, cette odeur lourde et chaude qui m'enveloppe alors qu'il fait froid au-dehors. Je trais seulement le jeudi, quand il n'y a pas classe, et les samedis et dimanches. Les fermiers, les autres jours, me déchargent des travaux de la maison, et si la petite tient à nourrir la basse-cour et si je lave la vaisselle du soir, c'est parce que nous le faisons d'autorité.

Dans cette cohabitation de plus en plus facile, un drame a pourtant eu lieu ce soir, en ce début du mois de décembre. Alice, en allant donner à manger aux bêtes, a trouvé une peau de lapin retournée accrochée à un clou, sur la grange. Elle s'est approchée, sans comprendre, a touché la peau, et a eu tout à coup une prémonition terrible. Elle a couru aux clapiers à lapins : Hector, le gros Hector, si tendre et si doux, manquait. J'ai entendu son hurlement la première. Je me suis précipitée, j'ai heurté un seau rempli de lait frais, et j'ai vite compris ce qui se passait quand j'ai trouvé Alice tenant dans sa main la peau d'Hector, devant le clapier. La fermière est arrivée peu de temps après et a tenté d'expliquer à la petite que les lapins sont faits pour être mangés, et que ça a été le tour d'Hector cette fois. D'ailleurs, pour le dîner… Elle s'est arrêtée quand Alice est tombée, tête en avant, terrassée par ce qu'elle entendait. Elle était livide et son front, qui avait cogné une petite pierre, saignait. Quand elle a ouvert les yeux, elle semblait ailleurs, hébétée, et pas un mot ne sortait de sa bouche. Je l'ai prise dans mes bras et l'ai bercée longtemps, en lui chantant *De faïence et de porcelaine, Raccommode objets de valeur…* La fermière nous a regardées et est rentrée dans la bâtisse. Au dîner, elle nous a servi de la soupe aux choux, consciente qu'elle ne pouvait sortir le lapin. Alice n'a pas dit un mot, elle a mangé sa soupe et a demandé à se lever de table pour aller se coucher. Quand j'ai voulu faire la vaisselle, la fermière m'a soufflé comme une supplication :

– Va t'occuper d'Alice. Avec ce qu'elle a vécu, je vois ce que ça peut lui faire, tout ça. Va lui dire des mots. Tu vas trouver, toi. Tu sais dire les mots. Laisse la vaisselle, s'il te plaît.

Alice est allongée sur son lit, encore habillée. Elle ne pleure toujours pas. Je m'assieds près d'elle, lui prends la main. Nous restons silencieuses jusqu'à ce qu'elle murmure :

– Je les nourris pour qu'on les tue, c'est ça ? Nous aussi on nous nourrit. Nous aussi on va mourir. Alors ça sert à quoi tout ça ?

Je réfléchis autant que je le peux, avant de lui répondre que je ne sais pas grand-chose de la vie mais je sais qu'elle nourrit tous ces animaux pour qu'ils vivent. Ils ont besoin d'elle. Elle leur donne à manger et, chaque jour, ils découvrent un peu plus du monde. Hector a eu plusieurs fois des petits, parce qu'elle a permis à Hector de vivre. Aujourd'hui, il est mort et on n'y peut rien. Je lui affirme qu'elle n'y peut rien. Nous sommes en vie, et nous devons nous nourrir de la vie, c'est une sorte de devoir que nous avons, elle et moi, envers ceux que nous aimons tant. Aujourd'hui elle est ici, loin de son frère qui l'attend quelque part et il a besoin d'elle pour vivre lui aussi. Je lui promets qu'un jour elle va le retrouver, et tous ces animaux qu'elle aura nourris, elle saura alors qu'elle les a protégés, pendant toute cette séparation. Je ne sais comment lui dire ou lui expliquer, pour moi aussi c'est compliqué, je sens juste que nous n'avons pas le choix et que c'est tant mieux. Il y aura un après la guerre, la vie est devant nous. Même si la mort est déjà écrite en nous. Je lui souffle que je crois que demain elle devrait se lever et aller, comme chaque matin, donner à manger aux poules, oies, canards et lapins. Ils l'attendent, et c'est important d'être là quand on nous attend avec affection. Je me souviens de la confiance que nous montrait Goéland, et de ce qu'elle disait de la nécessité des mots et de la parole. J'essaie d'être juste, comme elle me l'a appris.

– Tu feras comme tu voudras, bien sûr, c'est juste que je crois que ce serait bien.

Alice finit par s'endormir. J'attends d'en être sûre et sors mon cahier. J'écris : *« Aujourd'hui je dois vivre parce que Alice a besoin de moi. Un jour, elle retrouvera son frère. Je ne sais pas qui je retrouverai. Est-ce qu'Étienne se souvient même de moi ? »*

Ce matin, Alice est allée nourrir les animaux ; comme chaque matin, elle leur chuchote quelques mots. Quand elle ouvre la porte du clapier, je l'entends leur parler :

– Votre papa est mort mais vous devez vivre. Et moi, je vais m'occuper de vous. Allez, il faut manger maintenant.

Le fermier observe la scène, d'assez près pour entendre les mots de la petite. Je le vois distinctement sortir un grand mouchoir à carreaux de sa poche et se moucher avec brusquerie. Puis il tourne le dos et rentre dans la maison. Nous reprenons le chemin de l'école sans parler de cette scène.

C'est après cet événement que j'ai retrouvé le désir de faire des photos. Je ne pourrais expliquer pourquoi, mais j'ai vraiment envie de faire des clichés d'Alice, cela me démange ; pourtant, chaque fois que je m'apprête à la prendre, quelque chose m'en empêche. La lumière ne semble pas vouloir s'accrocher à elle, c'en est presque inquiétant. Sa pâleur, son regard souvent absent ne veulent pas absorber cet éclat nécessaire pour faire une photo. Il y a quelque chose de lisse sur son visage, dans son attitude, qui m'oblige à abandonner mon appareil devant elle.

C'est jeudi matin, alors que nous travaillions à la ferme, que j'ai senti quelque chose se passer. Alice donnait le grain aux poules et son ombre s'allongeait derrière elle, prolongeant son corps à l'horizontale, dans la cour, long corps mince et ployé qui donnait une taille de géante à la petite fille.

J'ai appuyé sur le déclencheur, et j'ai su que j'étais enfin parvenue à attraper l'image d'Alice. L'enfant tout à coup a eu une présence forte et juste, et je l'ai saisie. J'ai enfin compris : Alice ne peut être prise qu'avec son ombre. L'image de la petite fille ne peut exister qu'à la seule condition d'attraper ces ombres qui l'habitent. Sinon, elle n'est qu'un corps lisse et sans relief. Quand j'y pense, cela me fait frissonner. C'est comme si l'existence d'Alice ne tenait qu'à ses disparus.

Depuis, je la suis… comme son ombre, mon Rollei en main, et je parviens à faire des clichés qui sont, j'en suis certaine, très bons. Si je pouvais au moins développer mes films ! Si je pouvais retrouver l'obscurité d'un labo photo et voir dans le noir ce que je devine de ce travail avec les ombres, je comprendrais sans doute mieux comment creuser encore cette sensation. Dès que j'ai un moment, je prends mon Rollei et guette l'instant propice pour déclencher.

Je crois bien que je suscite la curiosité à la ferme ; j'ai vu le fermier m'observer, les deux coudes posés sur sa bêche, au potager. Son épouse elle aussi s'interrompt quand elle me voit tourner-danser autour de la petite avec mon appareil photo. Louis me pose des questions sur le fonctionnement de mon Rollei. Ce matin, je le lui ai mis dans les mains et lui ai expliqué comment ça marchait. C'est la première fois qu'il s'approche si près de moi et qu'il montre de l'intérêt pour une conversation, aussi longtemps.

17

Ce soir, alors que nous sommes à table, je me jette à l'eau : je propose à mes hôtes de les prendre en photo, sans trop savoir si cette idée va leur plaire. Le fermier lève un sourcil et laisse sa cuillère de soupe à l'entrée de sa bouche quelques instants, comme arrêté dans son élan. Cela fait pouffer de rire Alice. La fermière regarde son mari et tous les deux acquiescent d'un signe de tête. Je reste à mon tour coite, je ne savais pas ce que ma proposition allait provoquer mais je ne m'attendais en tout cas pas à une réponse si rapide.

Dimanche matin, Alice et moi entrons les yeux encore collés dans la cuisine pour le petit déjeuner. Ils s'écarquillent plus vite que prévu : toute la famille est en habit de fête. Jamais je ne les ai vus vêtus de cette façon, monsieur le père en costume trois pièces de velours brun avec un nœud papillon rouge, vision surréaliste s'il en est ; nous l'avons toujours connu en tenue de travail depuis notre arrivée, jamais très propre, sali par la terre du potager, le fumier et la boue des chemins. C'est un homme nouveau qui nous attend de pied ferme, les souliers de cuir marron bien cirés, sans oublier un visage sans un poil qui dépasse, lui qui a toujours une barbe naissante. Le plus surprenant est peut-être l'aisance qu'il a dans ces vêtements pourtant si apprêtés. La fermière a ôté la blouse qu'elle porte chaque jour, elle en a deux du même modèle, quoique de couleurs différentes, qu'elle lave tous les trois jours, l'une à ramages bleus, l'autre à ramages verts. Aujourd'hui elle porte une robe cintrée qui met en évidence une taille fine et une poitrine opulente. Elle a mis des bas et des souliers à talons. Je ne l'aurais jamais reconnue si elle n'avait été là, assise dans cette pièce en face de moi. Ses cheveux tombent sur ses épaules et, pour la première fois, je me rends compte que cette femme est belle. Je ne voyais en elle qu'une paysanne entre deux âges, cachée sous une blouse informe. Je la croyais tout aussi informe, alors qu'elle a une taille de guêpe et des jambes fines et galbées, comme les actrices de cinéma dans les magazines que me prête Mlle Armande. Quant à Maryse, outre le nœud dans ses cheveux, elle a sorti une jupe mi-longue fendue et un chemisier blanc qui lui donnent des allures de femme fatale. Louis, enfin, porte un pantalon de lin blanc, une chemise de la même matière, blanche elle aussi. À couper le souffle ! Je vis sous le toit de ce gars et je ne l'avais même pas remarqué ! Est-ce qu'ils partent à une cérémonie, un mariage peut-être ? La fermière dessert la table, et j'ai ma réponse :

– Ben, on est prêts pour la photo. Faudrait pas trop tarder, il y en a bien un qui va finir par tacher son vêtement blanc si on attend encore.

Je me souviens alors de ce que m'a raconté Étienne. Les gens ont envie d'être pris dans leurs plus beaux atours et de fixer une image d'eux dans un moment hors du temps. Être photographié, c'est se montrer sous leur jour le meilleur, paraître en habit de fête et déposer une image d'eux-mêmes, sur la cheminée, dans un album de famille. Ils se gardent et se regardent alors immobiles, immortels dans cet instant unique et voient dans ces clichés la plus belle part de leur être, celle du dimanche, ce jour où l'on peut se prendre quelques moments de répit, entre les soins aux animaux et les repas, sans avoir honte, puisque c'est le jour du Seigneur.

J'ai méjugé de l'importance et de la nécessité de ce travail. Étienne est ce photographe qui rend leur fierté à ces femmes et ces hommes tant liés à la terre, aux saisons, dans la rudesse du quotidien. L'art est bien là, dans cet interstice de la vie, dans l'extraordinaire, et laisse trace du véritable visage des êtres, cette part invisible d'eux-mêmes, cachée derrière le labeur et l'inlassable répétition. Quand je pense à ce que j'ai ressenti, quand j'ai regardé pour la première fois la vitrine d'Au bon photographe, cette morgue prétentieuse que j'ai tenté de dissimuler, je me trouve minuscule tout à coup. Étienne est un artiste, pour de bon, et moi une petite crâneuse qui met du temps à comprendre les choses importantes.

Je n'ai jamais fait ce genre de clichés et je regrette la chambre noire de mon ami. J'aurais fait de plus beaux portraits, j'aurais saisi les mouvements infimes des corps offerts à l'obturateur, sur les plaques de verre. Mais je ne peux pas reculer et il me faut trouver l'endroit le plus adapté à ce genre de photographies que ma famille d'accueil espère déjà. C'est Alice qui me suggère le lieu :

– Et si on allait sous les chênes, derrière la cour, ce serait bien, non ?

Évidemment, c'est l'endroit idéal. L'ombre donnera une profondeur au cliché et ce vieil arbre apportera une certaine majesté aux images. Alice est d'une vivacité surprenante et, une fois encore, son choix vient résonner sur son propre rapport aux ombres. J'entraîne tout le monde sous l'arbre, vérifie plusieurs fois la luminosité avec mon posemètre et demande d'abord à chacun de venir poser devant moi, pour les photos individuelles. Alice fait les compositions pour les portraits de famille. C'est une assistante de choc, qui a déjà compris la nécessité de l'architecture de l'image. Elle sent les déséquilibres, est capable de repositionner plusieurs fois le père, la mère ou les enfants pour que l'image soit à la bonne mesure, dans la tonalité la plus juste. J'en suis époustouflée. Alice a un regard précis et le sens de l'équilibre : elle sent les points d'ancrage entre la verticalité de l'arbre et des corps et l'horizontalité de la terre et du ciel.

Nous formons toutes les deux une équipe du tonnerre, et nous en rions de plaisir l'une et l'autre. La famille se prête au jeu en souriant, et c'est un instantané de bonheur que cette matinée, pour chacun de nous. La fermière a préparé un repas de fête et a installé avec ses enfants la table dehors, pour la première fois depuis que nous sommes arrivées, et la première fois depuis le mariage des parents, plus de vingt ans auparavant. J'espère que le travail sera à la hauteur des espérances des fermiers. C'est tellement nouveau pour moi de faire ce genre de photos que je ne suis sûre de rien. Aucun doute sur le fait d'avoir bien cadré, que les tableaux étaient bons, grâce à Alice, mais je ne suis pas certaine que la lumière était au plus juste.

Jusqu'à hier encore, j'aurais aimé saisir des moments du quotidien de la ferme et de ses habitants. J'aurais pu attendre l'heure propice pour attraper l'image de Marcel dans son jardin, entre chien et loup, bêchant ou bien essuyant son front entre deux coups de bêche ; j'aurais aimé photographier les mains de la fermière quand elle fait le pain, dans ce mouvement régulier et précis du pétrissage. Mais ce dimanche est tellement différent des autres jours que ce n'aurait pas été leur rendre hommage que de leur voler ces images d'eux qu'ils ne souhaitent pas garder : ils n'en ont pas besoin, ils connaissent les gestes de la semaine par cœur et les ont aux yeux à longueur de vie. Ce qu'ils attendent de ces photos est de se voir enfin lavés du temps et de ses scories, se voir comme ils pourraient être, s'ils étaient nés plus riches, s'ils étaient moins emportés par le rythme des saisons. Se voir aussi beaux qu'ils sont, alors qu'ils ne prennent guère le temps d'être ce qu'ils sont.

Même le repas nous fait oublier le quotidien et la guerre, salade de carottes persillée, pommes de terre en robe des champs et lard fumé, avant la tarte aux pommes. C'est Alice qui nous rappelle au présent :

– Une tarte aux pommes ! maman en faisait elle aussi parfois le dimanche.

La petite ouvre grand la bouche pour dévorer sa part. C'est la première fois qu'Alice évoque ses parents, et elle le fait avec une sorte de légèreté qui nous rassure. J'ai senti que tout pouvait déraper quand elle a dit « maman ». Mais rien d'autre que du bonheur dans ce souvenir. Rien ne peut obscurcir la beauté de cet instant, pas même les ombres.

C'est le fermier qui, après quelques verres d'un vieux vin qu'il a sorti pour l'occasion, propose d'apporter les films à la ville pour les faire tirer. Il croit bien que la boutique du photographe est tenue par sa femme, depuis la guerre. Il fronce les yeux quand je lui affirme que je dois m'en occuper moi-même :

– J'ai l'habitude de prendre en main moi-même mes tirages et je crains que la femme du photographe n'ait pas mon niveau d'exigence. J'ai pris des cours avec les plus grands photographes parisiens et je suis moi-même un peu connue pour mes photos

Je leur chante le même refrain, dans une version un peu améliorée, que celui que j'ai joué au couvent. Je suis si convaincante que je parviens à persuader le fermier, qui me propose alors de me déposer jeudi matin en ville, pour que je voie, avec la dame de la boutique, si ce que je désire est possible.

Il me reste quelques francs et j'espère bien pouvoir au moins développer les photos que j'ai prises depuis plusieurs mois. Jeudi... Cela me donne quelques jours de plus pour faire de nouveaux clichés. Je me suis découvert une capacité à repérer les ombres étranges, inquiétantes et quelquefois, contre toute attente, gaies, et je voudrais creuser cette forme d'obscurité avec mon Rollei. J'attrape les ombres d'Alice mais je vais au-delà maintenant et j'en débusque aux coins de la ferme, derrière la bergerie, dans les prés avoisinants.

Jeudi...

Dès la fin du repas, je pars à la recherche de nouvelles ombres. Mon stock de pellicules baisse : prendre garde à ne pas mitrailler comme j'en ai envie. Donner du temps à chaque cliché, attendre le bon moment, ne pas hésiter quand je sens que quelque chose s'inscrit dans mon viseur et laisser mon doigt en suspens quand je ne suis pas sûre de la construction de l'image ou de la luminosité. C'est en regardant Alice déplacer les uns et les autres comme sur une scène de théâtre, c'est en observant ce que chaque changement impliquait dans mon viseur que j'ai vraiment pris conscience de ce que j'avais jusqu'alors seulement ressenti. Les images ont une architecture intérieure, et tant que le photographe n'a pas reconnu cette organisation précise, il ne peut être dans la justesse. C'est sans doute pour cela que je n'arrive pas, à certains moments, à déclencher. Cette journée va compter dans ma vie, je le sens, je le sais. Il y a quelque chose de nouveau dans ma façon de penser mais surtout d'aborder le monde d'à côté, celui de tous les jours. Ce n'est pas encore bien clair mais je n'en doute pas une seconde : aujourd'hui est un grand jour pour moi.

Le dimanche se termine pourtant dans la morosité quand arrive le soir, la traite, le repas silencieux, la vaisselle. Tout le monde a remis ses habits de semaine, son masque du quotidien, peut-être même un peu plus fermé qu'à l'habitude, sur ce temps déjà fini, bouclé, bientôt lointain. Dans ce silence, pourtant, j'ai toute la place pour imaginer qu'à Limoges je pourrai peut-être à nouveau développer mes clichés. Cela me ramène à Étienne et la tristesse me gagne tout doucement, jusqu'au moment de dormir.

Alors que nous sommes couchées depuis quelques minutes, Alice dans un demi-sommeil murmure :

– Quand je serai grande, je serai ton assistante, comme ça, je te quitterai jamais.

18

Six heures du matin, traversée des champs et des prés, Alice s'agrippe à mon bras dès qu'une vache semble vouloir nous approcher ; le jour se lève et nous goûtons à ces moments de liberté avant d'arriver au village où l'école nous attend.

J'en ai pris mon parti : je n'apprends rien si ce n'est le nom des acteurs et celui des réalisateurs des films sur les magazines que me prête Mlle Armande. Je m'entraîne à tout retenir pour au moins m'emplir la tête de quelque chose. Cette idiote d'institutrice a vite compris qu'elle pouvait compter sur ma patience et ma bonne volonté pour m'occuper des plus petits. Elle m'a délégué l'enseignement de la lecture et de l'écriture. Puisque j'ai promis à Alice de lui apprendre à lire, autant que les autres en profitent. Je commence à bien aimer cette mission et j'apprécie de plus en plus les quatre enfants que j'ai pris sous mon aile.

Je tente de leur donner envie d'apprendre, j'invente des jeux où les enfants se lancent des balles ou bien se bandent les yeux en dessinant les lettres avec leur doigt dans le ciel, je leur raconte des histoires ; ils aiment particulièrement le conte de *Baba Yaga*, l'ogresse russe. Je m'isole avec les plus jeunes pour leur raconter ces histoires, mais chaque fois, c'est la même chose : les plus grands se joignent à nous, et même Mlle Armande vient parfois m'écouter quand je hausse la voix, souffle le vent ou chuchote les recommandations de la gentille tante :

– *Mais écoute-moi : il y a chez Baba Yaga un bouleau qui voudra te fouetter les yeux avec ses branches, noue un ruban autour de son tronc. Tu verras une grosse barrière qui grince et qui voudra se refermer toute seule, mets de l'huile sur ses gonds. Des chiens voudront te dévorer, jette-leur du pain. Enfin, tu verras un chat qui te crèverait les yeux, donne-lui un bout de jambon.*

Je m'émerveille chaque semaine des progrès des enfants. Alice écrit seule maintenant. Elle fait des fautes d'orthographe mais elle a compris ce que les mots cachent dans leur nature : elle distingue les verbes et les noms, perçoit les adjectifs de temps en temps et sait mettre un point d'honneur à la fin d'une phrase. Les autres enfants sont moins rapides, mais il est vrai qu'Alice a commencé son apprentissage à Saint-Eustache et qu'elle y a pris de l'avance sur ses camarades.

À l'étude, je passe un moment avec chacun d'eux pour les aider à faire les quelques devoirs que je leur donne. Ce soir, j'ai une surprise pour Alice. Discrètement, pour ne pas que les autres entendent, je lui glisse :

– Aujourd'hui, tu as un travail difficile. Tu vas écrire, seule, une lettre à ton frère. Jeudi, j'irai la poster à Limoges, en allant chez la photographe. Fais un brouillon, et je te corrigerai.

Alice lève la tête vers moi, écarquille les yeux et sourit comme jamais, je crois. Elle n'osait pas me demander de faire cette lettre seule, je le sens depuis quinze jours. Elle tourne autour sans rien me dire pourtant ; je crois qu'elle avait peur de mal faire ou de semer trop de fautes. Mais avec ce devoir, elle sait qu'elle peut rédiger son courrier maintenant.

Elle se lance à cœur perdu dans cette lettre, racontant avec précision tout ce qui se passe à la ferme depuis notre arrivée. Je n'ai pas le droit d'envoyer cette lettre. Personne ne doit savoir où nous nous trouvons. Les fermiers nous ont dit clairement que nous ne devions en parler à personne, ne rien dire du lieu où nous vivons : c'est trop dangereux. Mais je sais à quel point Alice a besoin d'écrire à son frère, et moi aussi je rêve d'envoyer un mot à Étienne. Je ne mettrai pas notre adresse au dos de la lettre, ni même dans les lettres, au cas où elles se perdent ou que les Allemands interceptent le courrier. Mais ces deux lettres, je vais les envoyer, c'est décidé, rien ne me fera plus reculer.

Ce soir, Mlle Armande me tend deux magazines, je ne la laisse pas ouvrir la bouche et je tire Alice, tout droit, vers l'autre côté des champs. L'institutrice m'a glissé trois marque-pages pour être certaine que je lise bien les articles sur la mode parisienne du moment. Elle aimerait, je le sais, en parler avec moi, une de ces récréations : dès qu'elle parvient à m'accrocher, elle m'invite chez elle, ce qui m'ennuie chaque fois. Ses babillages m'exaspèrent. J'ai beau la prendre pour cette idiote qui s'intéresse aux trucs sans importance, mode et maquillage et potins mondains, alors que c'est la guerre, j'ai beau me rendre compte de cette futilité, je suis quand même impatiente de lire ses magazines. J'ai pris l'habitude d'attendre qu'Alice s'endorme pour me délecter de ces revues, seules fenêtres sur le monde extérieur, à la lueur de la bougie.

Jeudi matin, enfin ! Monsieur Marcel met un pantalon propre, une chemise neuve et me fait un signe de tête pour que je m'asseye à côté de lui dans sa carriole. Il me rappelle le père Lucas, et je souris de tout ce chemin parcouru depuis le départ du couvent. La fermière tient Alice par la main et lui promet qu'elles feront toutes les deux une tarte pour le dîner. Alice n'est pas rassurée de me voir partir sans elle mais elle sait qu'à Limoges je posterai sa lettre, en cachette du fermier. Son frère aura bientôt de ses nouvelles. Elle imagine qu'il doit être terriblement inquiet, comme elle peut l'être de son côté. Est-il toujours dans son monastère ou bien a-t-il dû partir comme elle ? Et si c'est le cas, recevra-t-il cette lettre ? La fermière me fait un signe que nous comprenons l'une et l'autre : elle prendra soin d'Alice, je peux partir tranquille.

Monsieur Marcel, comme de coutume, reste silencieux et je regarde les bas-côtés défiler, je pense à mon rendez-vous manqué à Riom, à Sarah, Jeannot, Pingouin et Goéland. Je m'arrête à temps pour ne pas en arriver à mes parents et aux questions qui m'assaillent.

Le fermier descend avec moi, à mon grand regret, j'aurais

préféré être seule, et nous entrons dans la boutique du photographe.

Il me laisse parler mais ne perd pas une miette de la conversation. J'y vais franc jeu avec la jeune femme qui nous a ouvert la porte, un bébé sur son sein. Je lui raconte que j'ai pris des cours de photo, les meilleurs de Paris, et je rejoue la scène que je connais par cœur maintenant. Je lui explique que je veux développer moi-même mes clichés, tout en payant bien sûr. Le bébé tête goulûment, sa mère m'écoute et me dit oui, sans hésiter. Je peux utiliser le laboratoire puisque je m'y connais mais je devrai me débrouiller parce qu'elle-même ne sait que tirer les plaques de verre de la chambre noire de son mari. Si je paie et que je fais attention, je suis la bienvenue. Elle a déjà pas mal de travail avec ses deux enfants, et si j'en ai envie, je peux même m'y mettre dès maintenant. Le fermier me regarde, rayonnante à l'idée de me retrouver seule dans un labo.

J'explique à monsieur Marcel que j'ai besoin de temps, aujourd'hui mais aussi que j'en aurai besoin d'ici quelques jours pour obtenir les tirages attendus. Il accepte d'aller ce matin au marché puis au café, en m'attendant. Il évoque même l'idée d'aller chez le coiffeur puisqu'il est en ville. Nous nous donnons rendez-vous dans trois heures, ce qui me permettra de développer mes pellicules et de trouver la poste. J'ai écrit une longue lettre à Étienne, sans lui dire toute la vérité mais en évitant au moins de lui mentir. Je lui donne rendez-vous dès la fin de la guerre, et même avant si je le peux et que le destin en décide ainsi.

Je prends le temps de faire le tour du laboratoire avec la femme et son bébé. Elle me montre où sont les produits, me pose quelques questions pour vérifier que je suis vraiment compétente et, rassurée, remonte avec le bébé en me proposant de venir boire une limonade, dès que j'en aurai fini avec mes films.

Je retrouve, en un instant, la magie de la chambre noire et le plaisir de manipuler. J'en profite pour développer tous mes films ; je ne ferai pas les tirages pour que cela ne me coûte pas trop cher. Au bout de deux heures, je sors du labo, excitée par quelques-uns des clichés que j'ai découverts, en négatif. Je laisse sécher les films dans une petite armoire. La jeune femme m'indique la poste, et je m'acquitte de la promesse faite à Alice, tout en postant aussi ma propre lettre. Je croise les doigts pour que les deux garçons reçoivent ces courriers. Je récite une des prières apprises au couvent, au cas où : je ne risque rien, et qui sait ? Puis je reviens vite boire ce verre de limonade, impatiente d'en savoir plus sur cette boutique et cette famille.

Ce que j'apprends ne me donne aucun bonheur et, au contraire, vient réactiver ma peur. La femme me raconte les rafles de juifs qui se multiplient dans la zone occupée, m'indique la présence d'un bataillon d'Allemands dans la ville et exprime son inquiétude pour son mari parti il y a déjà six mois ; sa dernière lettre qui date de deux mois et le silence depuis, derrière les pleurs de ses petits, la nuit. Je n'ose pas en demander davantage sur la rafle des juifs, je crains de provoquer des soupçons chez cette femme dont je ne sais rien ou si peu. Pourtant, je voudrais savoir ce qu'il en est des camps et des départs en Allemagne et en Pologne. Une boule se loge dans ma gorge et la limonade ne me donne pas le plaisir attendu. Le liquide glisse difficilement, tant ma respiration est douloureuse.

Quand monsieur Marcel arrive, j'ai hâte de repartir et d'avoir le nez au vent pour ne plus entendre la voix de cette femme qui me rappelle la déroute du monde et ma propre dérive. Le fermier sent ma tristesse et, après s'être gratté plusieurs fois le fond de la voix, finit par me gratifier de mots, pas de grognements, non, de mots, dans un effort sans doute énorme :

– La petite nous aura fait une tarte pour le dîner. Ça va être bon.

Je pleurerais de ce geste délicat chez cet homme tellement abrupt pourtant. Je lui souris, il répond maladroitement, avec tendresse, puis nous retrouvons nos silences ; chemin faisant et chacun dans nos têtes nous ressassons les nouvelles du jour. Monsieur Marcel brise le silence pour évoquer son inquiétude : on lui a raconté chez le coiffeur que les soldats allemands sillonnaient la ville triomphalement et se permettaient d'entrer chez les uns et les autres pour vider les garde-manger. Il paraît même qu'un gradé s'est installé dans la demeure du maire, imposant à l'épouse de celui-ci sa présence et celle de ses sbires. Monsieur Marcel a bien compris que je dois revenir la semaine prochaine pour finir ce travail avec les photographies. Il me demande pourtant si c'est bien prudent de me laisser aller en ville alors que les Allemands sont là. Le silence s'installe à nouveau et nous ruminons tous les deux nos questions, sans voir le temps filer.

À notre arrivée dans la cour de la ferme, Alice saute, danse autour de l'attelage à la manière des Indiens et, le visage tendu vers moi, elle attend un signe. Je bouge la tête de haut en bas et la petite serre ses paupières très fort, en souriant.

Le fermier et moi, nous passons à l'écurie dételer la jument et ranger la carriole, goûtant ce moment ; l'un et l'autre sentons nos inquiétudes respectives. À table, avec la famille, peu curieuse de savoir ce que nous avons fait l'après-midi, nous baissons le nez. Ici on ne pose pas de questions, et j'avoue que ce soir je l'apprécie particulièrement.

19

La semaine a eu du mal à passer tant j'ai pensé à cette journée, mais aussi à Étienne. A-t-il reçu ma lettre ? Comment le saurai-je ? Enfin jeudi ! Je vais en finir avec les tirages. L'idée de manipuler l'agrandisseur, de voir apparaître les images dans les bacs et de faire exister les photos de la famille me fait piaffer d'impatience. Monsieur Marcel m'appelle, alors que je suis en train de me préparer. Il veut que je le suive dans la grange :

– T'es sûre que tu dois y retourner ? On peut pas lui laisser à cette femme, tes films ? Paraît qu'en ville il y a des Allemands, c'est peut-être pas prudent, je sais pas trop quoi penser.

Pas question : c'est à moi et moi seule de m'occuper de ces négatifs. Il est hors de question que je n'aille pas à Limoges. Je fais preuve d'une telle assurance que le fermier attelle la carriole et que nous gagnons la ville, en retrouvant ce silence qui nous est si familier. Pourtant, ce silence-là n'a déjà plus la même teneur. Il nous lie dans une complicité nouvelle.

Nous nous donnons cette fois rendez-vous en fin de journée. Le tirage prend du temps et, en plus, j'aimerais bien faire un petit tour en ville sans être chaperonnée. Je n'en souffle pas mot à mon compagnon de route pour ne pas l'inquiéter mais espère bien profiter de cette liberté si rare. Toute la matinée, j'œuvre au labo. Les images qui apparaissent dans le bac révèlent formes et visages et me replongent dans cette journée si exceptionnelle que nous avons vécue, tous ensemble. Je voudrais atteindre la perfection dans ce travail. Les fermiers ont bien quelques photos de leur mariage, mais aucun cliché de leurs enfants, et cette séance a été pour eux un moment unique. Ils attendent ces photographies avec une gourmandise que je ne leur ai jamais jusqu'alors connue. C'est important pour moi, de ne pas les décevoir. Enfin, je peux à mon tour leur offrir quelque chose d'important. Je me concentre pour trouver la juste mesure des gris et me souviens des conseils du photographe que j'ai rencontré à Sèvres : il m'a fait remarquer que je manquais parfois de subtilité en jouant trop sur les contrastes. Je vais y être cette fois particulièrement attentive. Comme toujours, je ne vois pas passer les heures dans le labo, où le temps est celui de chaque photo mais n'a pas d'existence en soi. Quand je sors enfin, laissant les clichés sécher sur un fil à linge, il est presque deux heures de l'après-midi. J'ai un bout de fromage et du pain dans mon sac et je mords à pleines dents dans mon casse-croûte, tout à coup affamée. D'ici la fin de l'après-midi, les photos seront sèches, un peu gondolées, mais à mon retour à la ferme je prendrai soin de les glisser sous un objet lourd, pour qu'elles s'aplatissent et trouvent leur place dans des cadres ou collées dans un cahier.

La dame du magasin m'attend semble-t-il depuis un moment. Elle voudrait faire quelques courses mais est ennuyée de fermer boutique : elle attend une livraison de produits et de papiers et craint de rater le livreur. J'aimerais bien aller me promener un peu en ville mais je ne peux décemment pas lui refuser ce service alors qu'elle m'a prêté son matériel sans hésitation.

C'est comme cela que je me retrouve derrière le comptoir, attendant les clients potentiels et surtout le livreur. Je feuillette une revue de photographie qui date de plus de deux ans mais m'intéresse rapidement : plusieurs types de matériels y sont décrits, et surtout, je découvre des photos d'Ansel Adams, un Américain qui capture les paysages de son pays. J'aimerais partager ces clichés avec Étienne ; il faut absolument que je me souvienne de cet artiste, pour en parler avec lui, un jour. Je me plonge dans la contemplation du cliché *The Face of Half Dome* ; le photographe explique avoir « visualisé » le cliché avant de déclencher et ces propos m'intriguent.

Quand la porte d'entrée s'ouvre en faisant sonner le carillon, je lève à peine la tête, machinalement, prête à poursuivre ma lecture, quand mes yeux s'arrêtent sur un homme, ou plus justement sur un soldat allemand, d'une vingtaine d'années à peine. Il est déjà devant le comptoir lorsque je prends conscience de la situation.

Dans un français assez approximatif, il me demande si j'ai une cartouche pour l'appareil photo qu'il sort de la poche de son long manteau. C'est un Kodak Retina, un 24 x 36. Il le dépose sur le comptoir, près de mon Rollei qu'il prend dans les mains, curieux de trouver cet appareil dans une boutique du fin fond de la France. Mon premier réflexe est de me mettre en colère, de quel droit ce boche se permet-il de toucher mon trésor ! Mais quelle idiote ! Je suis cette fois pour de bon en danger, ce n'est pas le moment de faire des caprices. Ce n'est pas Pingouin qui est face à moi mais un Allemand, un de ceux qui embarquent les juifs. Ce n'est sûrement pas le moment de me faire remarquer. Ma carte d'identité est bien dans mon sac mais je n'oublie pas qu'elle est fausse. Sourire, oui, sourire à un homme est la première des choses à faire pour éviter ses soupçons. Je grimace et bafouille quelques mots pour expliquer que je ne suis pas de la boutique et ne peux pas lui répondre. Je lui suggère de repasser plus tard dans la journée mais l'homme ne m'écoute pas, trop intéressé par cet appareil photo qu'il n'a vu que dans les magazines. Il m'agace à tripoter mon Rollei comme cela alors, à mon tour, sans plus réfléchir, j'attrape son Kodak et me plonge dans l'observation de cette petite mécanique.

Il veut savoir si je connais la bobine Kodak. Je ne suis pas sûre de comprendre. Il se lance alors dans une longue explication et je finis par découvrir qu'on peut maintenant acheter des bobines toutes prêtes pour glisser dans l'appareil photo. J'ai appris avec Goéland à préparer moi-même mes bobines, à l'avance, à partir de grands bouts de film 35 millimètres, acheté par rouleaux de trente mètres. C'est une des premières choses que j'ai su faire : glisser les films dans le chargeur et fabriquer à l'abri de la lumière des bobines prêtes à être utilisées. Ce boche est en train de m'affirmer que maintenant on peut acheter directement une bobine de 24 ou 36 poses, sans avoir à préparer sa pellicule soi-même. Cela me semble être une vraie révolution. Une pellicule prête à l'emploi, achetable dans une boutique ! Le jeune Allemand sourit de voir mon étonnement, je doute qu'il trouve ici une de ces bobines Kodak. Sans réfléchir, je commence une phrase :

– En plus, c'est du matériel allemand et…

Je m'arrête avant de dire une sottise que je pourrais bien vite regretter. Heureusement le niveau de français du soldat ne lui permet pas de saisir toutes les subtilités des silences. Je recommence à être vraiment mal à l'aise, le soldat ne semble pas vouloir partir, je ne sais pas s'il attend la propriétaire de la boutique ou s'il a envie de passer un moment avec moi. Moi, en tout cas, je n'en ai aucun désir. Il est passionné de photo et il fait aussi des films, dans le civil. Je n'ose pas trop en dire, pour ne pas me couper, mais je ne peux échapper à mon Rollei et lui raconte comme à tout le monde :

– … Et j'ai pris des cours avec les plus grands photographes parisiens…

Trop tard, il a déjà compris que je n'étais pas de la région et il est curieux de savoir ce que je fais dans ce coin perdu. Je prends conscience que je suis entrée seule sur un terrain dangereux. Si je n'avais pas parlé de Paris, il ne m'aurait sans doute jamais posé de questions sur mes origines. Il m'aurait prise pour une fille de la région. Je m'en veux à mourir d'avoir été si prétentieuse, et je lui raconte que je suis chez des amis de ma famille en attendant que ma tante vienne me chercher.

Ma main tremble, je la glisse sous le comptoir. Le soldat l'a vue, j'en suis certaine. Il essaie manifestement de me mettre à l'aise en me racontant son bonheur de faire des films et son rêve : devenir un grand réalisateur, après la guerre. Je me concentre pour que le soldat sente mon intérêt. En réalité, j'ai l'estomac en feu et je contrôle avec peine la terreur qui monte dans mon corps en gargouillements. J'imagine que je suis rouge écarlate et sens les gouttelettes sur mon front. Comment pourrait-il ne rien voir de mon malaise, lui qui se présente comme un photographe, un homme de regard ? Je me sens prête à tomber, tant mes jambes sont molles, tant mon cœur cogne fort. Comment pourrait-il ne pas l'entendre ?

Le soldat est là depuis plus d'une heure quand, enfin, la propriétaire arrive. Elle jauge la situation en un coup d'œil, détecte ma peur en une seconde. Elle s'approche avec son bébé et son petit garçon, pose ses sacs et me demande :

– Catherine, peux-tu me monter mes sacs et t'occuper de la petite et de Gillou ? Je vois avec le monsieur.

Je l'embrasserais ! Je salue le soldat en récupérant mon Rollei, prends l'enfant dans mes bras, attrape les deux sacs de papier kraft et monte dans l'appartement du dessus, sans me retourner. Quelques minutes plus tard, j'entends le carillon et m'assieds enfin, secouée par un sanglot. La femme remonte, va coucher ses petits et revient vers moi. Je me suis un peu calmée, et je suis déjà inquiète des questions qu'elle pourrait me poser. Elle me sert un verre de citronnade, me demande si j'habite chez les fermiers, en bas de la côte, près du château d'eau. J'acquiesce, avec l'étrange sentiment que cette question n'en est pas une mais qu'il s'agit plutôt d'une petite phrase qui vient me dire que la femme sait pourquoi je suis là. Je n'ai plus du tout envie d'aller en ville et j'espère que je pourrai rester avec elle dans la cuisine. Elle me demande de voir mes photos et nous nous mettons à parler travail. La femme est impressionnée par la qualité de mes tirages et me félicite.

Elle va alors chercher une grande boîte à chapeaux et sort une série de clichés réalisés par son mari. Beaucoup de scènes composées, des natures mortes, des branches alignées sur la terre, des bouquets posés sur des tables surchargées d'objets, des tas de pierres qui forment des sculptures naturelles. Ces photos sont extrêmement prégnantes par leur construction. Tout semble être à sa place exacte et il se dégage une poésie de ces images, sans que je ne saisisse d'où elle vient. L'épouse du photographe est touchée de sentir cette curiosité et l'émotion qui doit se lire sur mon visage. Nous cherchons un bon moment ce qui rend si forts ces clichés-là, jusqu'à l'instant où nous percevons le bruit de la cloche sur la porte.

Cette fois, c'est monsieur Marcel qui vient me chercher. Il paie pour les clichés, et même pour le développement de mes négatifs. J'ai sorti la pièce de cinq francs que m'ont donnée mes parents, avant de partir, quand ils m'ont déposée à la pension. Il ne discute pas mais pousse ma main pour payer, me forçant à remettre dans ma poche ma pièce en argent. La femme du photographe nous demande d'attendre un instant. Elle va dans sa chambre noire et revient avec trois bobines où ont été enfilés trois longs bouts de film, de quoi faire une bonne centaine de photos. Elle me les offre, et cette fois je l'embrasse sans lui laisser le temps de réagir, tellement je suis contente de faire remonter mon stock de films qui diminue dangereusement. Je ne sais pas combien de temps durera la guerre et je n'oublie pas que j'ai promis de rapporter des clichés de ma guerre à Goéland.

Sur le chemin du retour, je ne dis rien de ma rencontre avec l'Allemand, honteuse d'avoir été si peu maligne. Je serre dans mon sac les clichés que je vais enfin pouvoir offrir à mes hôtes : il me restera les négatifs, que je tirerai un jour, je l'espère de tout cœur, dans le labo de Sèvres ou avec Étienne, quelque part dans le monde. Je m'endors bercée par le ballottement des roues, mais je devine que le fermier me sourit quand ma tête s'appuie sur son épaule.

Alice m'attend, je la serre contre moi. J'ai eu tellement peur aujourd'hui. Après le dîner, je laisse les paysans découvrir leurs photos, et je m'éclipse doucement avec Alice, dans notre chambre, et les laisse profiter de cette intimité.

Vendredi. Alice termine ses additions pendant que je prends du temps avec les autres, ceux qui n'ont pas compris comment faire avec une retenue. C'est bientôt la récréation de trois heures, les enfants sont un peu excités par l'orage qui se profile à l'horizon. Mlle Armande termine un exercice avec les plus grands quand on frappe à la porte. Elle va ouvrir et tombe nez à nez avec monsieur Marcel. Il lui marmonne quelques mots avant qu'elle nous appelle :

– Catherine, Alice, prenez vos affaires et venez. On vous attend.

Nous grimpons dans la charrette, le fermier ne nous a rien dit, il est plus inaccessible que jamais, le visage et les poings fermés. Nous avons déjà compris qu'il se passe quelque chose de grave. Nous avons l'une comme l'autre encore en mémoire notre fuite du couvent et savons déjà que nous allons partir une fois de plus.

Arrivés à la ferme, la fermière nous attend. Elle a préparé nos sacs et y a mis toutes nos affaires. Elle a aussi rempli un sac en toile de jute de pain, saucisson, fromage, avec une bouteille d'eau et de la tarte aux pommes. Je suis atterrée de la rapidité avec laquelle tout prend forme. Tout s'accélère sans que nous sachions même ce qui s'est passé.

La fermière consent enfin à lâcher :

– La femme du photographe est venue tout à l'heure. Elle a dit qu'il y avait eu des dénonciations et que les Allemands n'allaient pas tarder à arriver. Ils vous cherchent. C'est un soldat allemand qui est venu la prévenir à la boutique. Il lui a dit qu'il fallait que vous partiez avant le soir, et surtout pas par la route du sud, parce que plusieurs bataillons arrivent par là. Il lui a demandé de te donner ce papier, Catherine. Ce gars essaie de vous sauver la vie, j'y comprends rien mais c'est comme ça. Il faut y aller maintenant, Marcel vous accompagne chez la mère Thérèse, là vous serez récupérées par quelqu'un du réseau. Je ne sais pas encore où vous allez. Laissez-moi vous embrasser. Vous allez nous manquer, toutes les deux. Filez, mais un jour, revenez nous voir, après cette guerre, donnez-nous des nouvelles.

Comme la toute première fois, monsieur Marcel nous couvre de bouts de vieux draps avant de repartir. Sauf que cette fois il passe une main dans les cheveux d'Alice, tétanisée, les yeux fixés sur les poules et les oies qui picorent sans se soucier de nous. Je suis pour ma part déjà résignée de perdre une fois de plus des gens que j'ai appris à aimer. Monsieur Marcel et moi échangeons un regard. Dans le silence.

À l'arrière de la carriole, la tête d'Alice sur mes genoux, je me décide à lire le bout de papier froissé. Dans un français malhabile, le jeune soldat a écrit : *« Un jour plus tard la guerre tu vas au cinéma voir mes films. Je raconterai l'histoire dans la boutique tu reconnaîtras nous. Tu viens me voir après le film nous parler images et la vie. »*

Même chez les boches, il y a des types qui se battent contre la guerre. C'est forcément le signe qu'un jour cette folie cessera. Je veux y croire.

20

Le fermier nous dépose chez la mère Thérèse, une vieille femme que j'ai croisée quelquefois, au village ou chez nos hôtes. Qui pourrait imaginer que cette vieille dame est une résistante ? Elle semble si fripée sous son châle, si discrète avec son panier d'osier à la main, si lente dans ses gestes que je suis stupéfaite, quand je l'entends s'adresser à monsieur Marcel. Sa voix n'a rien de celle de la mamie gâteau que je m'étais imaginée. Elle renvoie l'homme chez lui, en lui intimant de raconter une histoire bien précise quand les Allemands arriveront. Il devra leur dire qu'elle, la mère Thérèse, est venue nous chercher, pour nous rendre à notre tante, sa propre sœur. Quand il rechigne à cette histoire, elle ne lui laisse pas le choix. Marcel baisse la tête et vient caresser la joue d'Alice et serrer ma main. Il ne trouve pas de mots, et c'est inutile. Il part vite, et la mère Thérèse nous tire à l'intérieur de la maison.

Elle nous montre un pot, derrière la cuisine, dans un coin dissimulé entre deux murs et nous demande, sans nous laisser le choix, d'aller faire pipi. Un homme attend dans la cuisine. La vieille dame va chercher en boitant un sac, ramasse un bout de pain sur la table, passe sa main sur son front et nous pousse vers la porte de derrière la maison. Là, une voiture attend, une Dauphine 11 chevaux noire. Si la situation n'était pas si douloureuse, j'aurais plaisir à grimper dans une aussi belle automobile. Mais je n'ai pas le cœur à la découverte ni au plaisir, et nous montons Alice et moi à l'arrière sans demander ni où ni qui ni comment. La vieille dame s'assied près du conducteur et s'adresse à lui en lui aboyant des ordres. Il démarre et enfin la mère Thérèse s'adresse à nous, avec raideur :

– Je suis votre grand-tante, vous êtes orphelines, je vous accompagne avec mon neveu chez ma fille. Vous avez passé quelque temps chez les paysans et je suis venue vous chercher ce matin. Si on vous demande quelque chose, tenez-vous-en à cela. Je m'occupe du reste. Maintenant, dormez, nous avons beaucoup de route. Plus vous dormirez, plus le temps passera vite. Si nous rencontrons des barrages, ne dites rien tant qu'on ne vous a pas posé de questions. Faites semblant de dormir si vous êtes réveillées. On est partis.

Alice se glisse dans mes bras et je lui souffle quelques instants à l'oreille notre chanson *De faïence et de porcelaine, Raccommode objets de valeur…*

Nous fermons les yeux mais ne nous endormons pas tout de suite. Collées l'une à l'autre, nos présences nous rassurent. Nous reprenons le fil de nos songes là où nous les avons laissés lors de notre dernière fuite. La fin de journée puis la nuit nous enveloppent, nous nous laissons emporter par le ronronnement du moteur et la chaleur de nos corps serrés l'un contre l'autre. Nous entrons dans un demi-sommeil, aux aguets, dans la crainte de ces Allemands qui nous cherchent. Qui a bien pu dénoncer les fermiers et qui peut bien nous en vouloir assez pour nous obliger à nous sauver ?

Réveil au petit matin alors que le chauffeur fait une pause, en pleine campagne. Manifestement, nous n'avons pas été inquiétés durant la nuit. La vieille dame nous intime une fois de plus d'aller faire pipi et nous ne nous faisons pas prier pour lui obéir. Elle nous donne à chacune un bout de pain à mâchonner, en remontant dans l'automobile. Le paysage nous regarde passer, nous restons sans mots pendant quelques heures, découvrant des montagnes de plus en plus hautes, des prairies où paissent des chevaux et des vaches, le ciel qui s'ouvre jusqu'à accueillir à pleins bras le soleil sur une mer de nuages aux formes d'animaux et de fleurs. Dans l'après-midi, nous arrivons affamées devant un château aux grandes fenêtres vitrées. Les portières de l'auto s'ouvrent et, enfin, je déplie mes jambes avec l'envie de courir, sauter, faire la roue. Quelques marches conduisent au perron de ce qui semble être l'entrée principale. Un grand potager planté de légumes s'étale doucement à la droite de la bâtisse et une prairie d'herbe verte, sur la gauche, est couverte de jambes d'enfants qui courent et jouent en piaillant. Cela me rappelle diablement la maison de Sèvres. Je retrouve dans ces gestes d'enfants la joie que j'ai connue là-bas, il y a maintenant plus d'une année. Alice s'approche un peu plus de moi, inquiète, je crois, de se retrouver à nouveau avec des filles et des garçons de son âge. Toute cette agitation et tant de vie ne lui disent rien qui vaille, je le sens à la pression de sa main dans la mienne.

La vieille Thérèse peine à gravir le perron. Une femme nous attend à l'intérieur. Elle prend dans ses bras la vieille femme, la serre contre sa poitrine, sans un mot, avant d'embrasser son front. Elle donne une poignée de main à l'homme et nous regarde, Alice et moi, en souriant.

– Bienvenue mesdemoiselles. Vous voici arrivées au château de Pange, dans les Basses-Pyrénées. Ici vivent trente-trois enfants qui ont entre deux et dix ans. Tu es Alice, je crois. Tu intégreras la classe des moyens, dès demain. Quant à toi, Catherine, tu comprends bien que je ne peux te mettre dans une classe. Nous allons réfléchir ensemble au rôle que tu vas prendre ici. Nous avons bien besoin d'animatrices pour s'occuper de ces petiots si tu en es capable, tu pourrais prendre un groupe en charge, cela soulagerait les enseignantes. Si c'est trop difficile, tu peux aussi aider à la cuisine et au service. Nous verrons cela ce soir, toi et moi. En attendant, Éliane, mon adjointe, va vous accompagner à la cuisine, vous devez avoir faim après cette longue route. Malheureusement, nous devons faire avec les moyens du bord, et le bord est au bord du gouffre, mais vous trouverez bien quelques restes du repas de midi et de l'eau fraîche. Vous irez ranger vos affaires et nous nous retrouverons plus tard.

Alice sent qu'elle pourrait être séparée de moi et s'accroche à ma manche en me soufflant sa peur à l'oreille. Tant d'enfants ici. Les enfants ne l'aiment pas, elle le sait bien, je le sais aussi. Elle ne les amuse pas longtemps et les inquiète rapidement. Quelque chose chez elle fait qu'on l'oublie vite et souvent. C'est comme si elle se couvrait d'un voile d'invisibilité qui l'efface aux yeux des autres. Elle ne sait plus jouer, elle a oublié les jeux et l'envie même de jouer. Je redoute ce qui pourrait se passer pour elle. Je connais le processus par cœur. Curiosité des enfants, puis rejet, puis moqueries, puis indifférence : Alice semble toujours provoquer cette chaîne de réactions chez ceux de son âge. Je l'ai observée au couvent puis à l'école du village.

– Tu crois que les poules, les canards, les lapins se souviendront de moi ? Tu crois que je vais leur manquer ? Tu crois qu'ils se sentent abandonnés ? À quoi je vais servir maintenant ?

Je ne sais quoi lui répondre et l'entraîne vers le réfectoire, où nous trouvons quelques pommes de terre froides et un bout de saindoux à écraser sur un bout de pain. Finies les tartes aux pommes et les morceaux de lard. Le temps de la faim pourrait bien revenir ici.

Dans l'immense dortoir, tous les lits sont alignés et se font face, vingt de chaque côté. Nous installons nos affaires au bout d'une rangée sans oser approcher nos lits l'un de l'autre et prendre ainsi le risque de briser l'organisation quasi militaire de la pièce. Alice vérifie malgré tout qu'elle pourra tenir ma main quand nous serons couchées, et cela la rassure un peu. L'adjointe, Éliane, nous fait visiter les lieux et nous explique qu'ici on accueille les enfants de la région, que les plus grands ont classe la journée et les plus petits jouent et font quelques activités le matin et après la sieste de l'après-midi. C'est un orphelinat. Quand les enfants grandissent, ils changent de lieu, ou au mieux sont recueillis par des familles. Compte tenu des temps difficiles, cela arrive de moins en moins souvent.

– C'est quoi, un orphelinat ? me demande Alice quand nous nous retrouvons seules.

Je n'ai pas le courage de lui dire que c'est une maison qui accueille des enfants comme elle, qui ont perdu leurs parents et leur famille. J'esquive la question en lui répondant que c'est un lieu de vie pour les jeunes. Mais je crois qu'elle n'est pas dupe : je l'entends jurer entre ses dents qu'elle détestera cet endroit jusqu'à notre départ.

Le repas du soir se déroule comme je l'ai pressenti : frugal et bien trop léger pour nos estomacs. La soupe est liquide et plus proche du bouillon que du potage de la ferme. Le pain est dur et trop compact. Les petits ne perdent ni une goutte ni une miette, et la salle est presque silencieuse tout au long du repas.

La directrice me convoque dans son bureau et envoie Alice au lit en même temps que les autres. Alice redoute ce moment, je la regarde avec douceur, et lui promets en silence, dans un clignement d'yeux, de la rejoindre et de lui prendre la main pour l'aider à s'endormir. Dans le bureau de Mme Pange, châtelaine du lieu et directrice de l'orphelinat, je suis invitée à m'asseoir. Je ne vais pas attendre qu'elle m'impose quoi que ce soit : j'ai déjà un plan et je compte bien m'y tenir. Je ne tiens pas du tout à être à la cuisine ni au service, même si je ne vois aucune objection à aller donner un coup de main si besoin de ce côté-là. Je raconte à cette femme que j'ai enseigné la lecture, l'écriture et les bases des quatre opérations aux plus jeunes enfants de l'école du village d'où je viens, que c'est moi qui ai appris à Alice à lire et écrire. Que j'ai été responsable du club photo dans une autre école, que j'ai d'ailleurs pris des cours avec les plus grands photographes parisiens et que je me sens tout à fait capable d'aider les enfants dans leurs apprentissages et aussi de prendre en charge des séances d'animation en dehors du temps de la classe. Je connais des chansons, des jeux, des contes de tous les pays et j'ai fait du théâtre. Même si je suis jeune, la vie m'a appris à me débrouiller et à m'occuper des autres.

À vouloir la convaincre, je suis aussi bavarde que Mlle Armande dans ses pires moments…

La directrice finit par me couper la parole pour accepter toutes mes propositions : je m'occuperai d'un groupe, pourquoi pas celui des moyens, et j'en aurai la responsabilité jour et nuit. Cela permettra une autre répartition des classes, moins lourde, pour les institutrices. J'aurai malgré tout un groupe de petite taille, pour ne pas me rendre la tâche trop compliquée. Par contre, la directrice exige que je prenne du temps à la bibliothèque du château pour lire quelques livres, dès que j'aurai des moments de libre, en gros quand les petits seront couchés. Elle vérifiera elle-même si je me tiens à cette gymnastique, indispensable pour ne pas perdre mon temps, selon elle, même si je ne peux pas poursuivre mes études ici. L'idée d'avoir accès à une bibliothèque m'excite pour de bon. Je n'ai guère lu autre chose que des magazines de mode et de cinéma ces derniers temps, et cela ne nourrit pas. Retrouver des romans, des héroïnes amoureuses, des familles unies, des aventures extraordinaires me fait déjà rêver.

La directrice m'accorde de dormir dans le dortoir des enfants. Que je reste au milieu des petits ne peut être qu'une bonne chose, et elle comprend que la petite Alice a l'air très perturbée et ne s'en sentira que mieux.

21

C'est ainsi que je reprends les cours de lecture et d'écriture auprès d'un groupe de huit petits, sans livre cette fois. Le château est en fait démuni de matériel pédagogique, excepté la bibliothèque qui recèle des livres inconnus et tentants, mais trop difficiles pour être utilisés en classe. Elle regorge de dictionnaires et d'encyclopédies en tout genre, botanique, médecine, entomologie, géographie, histoire… Comme à l'école où j'ai déjà enseigné pour que Mlle Armande passe plus de temps à se maquiller, je suis libre de faire ce que bon me semble. Trop peu d'adultes sont présents dans cette grande demeure qui fonctionne avec des bouts de chandelle, cahin-caha, pour que je sois surveillée dans mon enseignement.

En fait, je crois bien que mon arrivée est inespérée : ici, je vais être utile. C'est ce qui m'importe sans doute le plus. C'est la seule façon pour moi de participer à l'effort de guerre et je suis prête à me jeter dans cette nouvelle mission à plein cœur. Je retrouve vite le réflexe des bonnes vieilles méthodes de la maison de Sèvres, aucun mal à oublier les tables en rangs d'oignons et l'ennui des classes où il est interdit de bouger sous peine de punitions ridicules. Je sors le plus possible avec mon groupe, pour éviter aux enfants de subir l'immuable salle de classe que je déteste pour ma part. J'embarque les moyens, le matin ou bien l'après-midi, dans le parc ou dans le petit bois derrière le château ; nous partons à la recherche des insectes et des arbres dont je connais le nom. Je les fais dessiner, puis, quand nous rentrons au château, je leur fais écrire tous ces nouveaux mots sur leur cahier. Je leur raconte des histoires que je copie ensuite en partie sur le tableau noir et je leur apprends à reconnaître les syllabes et les phrases. J'essaie de me souvenir de la façon dont travaillaient les instituteurs à la Maison des enfants et j'invente mes méthodes à moi. Heureusement, dans la bibliothèque, je peux compter sur quelques livres dans lesquels je vais chercher ce qui me manque. Dans un herbier, je trouve le nom des fleurs, dans l'encyclopédie botanique celui des arbres, dans les dictionnaires, en fouinant, je finis pas piocher des mots qui sonnent bien à l'oreille, poétiques et donc, de ce fait, importants à connaître.

Alice ne parvient pas à se faire d'amis de son âge ; elle préfère la solitude aux jeux des récréations. Elle ne veut jamais être trop loin de moi, ne me quitte quasiment pas des yeux de la journée. Elle écrit des lettres à son frère, même s'il n'est pas question de les lui envoyer. Elle lui raconte ses journées, ce qu'elle apprend et lui pose mille questions : où est-il ? Comment va-t-il ? Que fait-il ? Est-il loin ? Quand vont-ils se retrouver ? Est-ce qu'il mange à sa faim ? Elle ne dit rien de ses fringales pas rassasiées ni de ses terreurs dans ce château glacial. Elle ne dit rien de cette peur des autres enfants et de sa méfiance envers ces adultes qui l'entourent. Mais elle me raconte, parle de ma « douceur », ma « force », mon « attention », tout ce que je fais pour elle, et aussi pour d'autres enfants de son groupe. Quand elle a fini d'écrire une lettre, elle me la fait lire, la plie et la glisse sous son matelas.

Je me demande encore si ce ne sont pas les lettres que j'ai postées à Limoges qui ont trahi notre présence à la ferme. Par ailleurs, je n'ai aucune nouvelle des fermiers et je crains que notre disparition soudaine ne les ait mis en danger. Je m'étourdis de travail pour éviter de penser et je prends mon appareil photo à chaque sortie : je me régale à photographier les enfants qui gambadent dans la prairie, s'insinuent entre les arbres de la forêt ou bien observent les insectes à quatre pattes sur la terre.

– Tu veux bien me lire les lettres de mon frère ?

Alice ce soir a l'air particulièrement triste, et je n'hésite pas une seconde, je lui lis une nouvelle fois le paquet de lettres que je connais maintenant presque par cœur. Alice sait désormais lire seule mais elle aime que ce soit ma voix qui dise les mots de son frère, comme pour donner corps à ces lettres déjà vieillies. J'aime ce garçon, sans le connaître, il est le seul capable de faire retrouver son sourire à Alice, de l'apaiser suffisamment pour qu'elle finisse par trouver le sommeil.

Moi aussi j'écris des lettres en secret à Étienne, dans mon cahier, quand ma protégée s'endort. Je sors du dortoir où des bruits incessants laissent deviner les rêves agités des enfants. Léger ronflement de l'une, enrhumée, ou bruit de locomotive d'une autre, asthmatique, mots balbutiés dans le sommeil, pieds et bras agités qui froissent les gros draps de coton dans un crissement d'ailes de cigale, pleurs, cris, toute une panoplie de peurs et de tristesses qui s'éveillent à la nuit, quand tout le monde dort. Je profite de ces moments pour me glisser dans la bibliothèque. Je m'y installe pour écrire dans mon cahier qui se noircit soir après soir ou bien pour parcourir des livres que j'attrape au hasard ou bien pour lire et relire des livres qui me bouleversent.

Ce soir, pour la troisième fois depuis que je suis arrivée au château de Pange, je recommence *Le Rouge et le Noir* avec passion : *« La petite ville de Verrières peut passer pour l'une des plus jolies de la Franche-Comté. Ses maisons blanches avec leurs toits pointus de tuiles rouges s'étendent sur la pente d'une colline, dont des touffes de vigoureux châtaigniers marquent les moindres sinuosités… »*

J'ai découvert Stendhal, mais aussi Zola et Daphné du Maurier avec sa jeune Rebecca, depuis mon arrivée. Je me nourris des écritures, des histoires d'amour et des aventures de femmes et d'hommes, si bien que j'en arrive parfois à oublier comme j'ai faim, malgré la proximité du dernier repas du soir. Je prépare aussi mes cours, qui me demandent bien du temps. Ce soir, je tombe sur les contes de Perrault et décide d'en choisir un pour le lire aux enfants demain. J'élimine *Le Petit Poucet*, trop douloureux pour ces orphelins, et me laisse séduire par *Le Chat botté*, qui pourra sans doute les faire sourire. Cet animal est assez malicieux pour les embarquer dans son pays, loin de leurs tristesses et de leurs peurs. J'ai remarqué ce matin, dans le groupe des plus jeunes, trois petites filles un peu à l'écart des autres. Tristes, très tristes. Elles sont arrivées il y a peu, ensemble, et ne veulent pas se séparer. Je suis convaincue qu'elles sont, comme Alice et moi, des juives en fuite, protégées par un réseau de résistants. À midi, j'ai remarqué comme elles regardaient le bout de lard dans leur assiette avec envie et inquiétude. Je me suis approchée d'elles et leur ai chuchoté que moi non plus je n'avais pas le droit de manger cette viande mais que la guerre et la faim nous autorisaient à le faire. Je leur chuchote que Dieu comprend cela, qu'il est bienveillant et sage. Les trois petites se sont alors jetées sur le bout de gras qui les faisait tant hésiter quelques minutes auparavant.

Demain, je proposerai aux autres enseignantes de faire une grande ronde-conte, et je raconterai des histoires. Je ne sais pas combien d'enfants juifs habitent ce château mais je suis sûre qu'il y en a quelques-uns. Dans mon groupe même, j'ai repéré un petit garçon, Luco, qui ne répond jamais tout de suite quand on l'appelle. Il faut répéter au moins trois fois son prénom pour qu'il s'anime et réagisse enfin. Je l'appelle souvent, espérant qu'il acquière le réflexe de se retourner chaque fois que je le nomme. Ce doit être si facile pour des adultes ennemis de repérer ce que moi je remarque si vite que je voudrais qu'il apprivoise sa nouvelle identité. Il n'est pas question de parler à qui que ce soit de ces questions-là.

La directrice mise à part, j'ignore si les autres adultes savent que sont cachés sous de faux noms des petits juifs. Je me demande si les trois fillettes sont orphelines ou, comme moi, sans nouvelles de leurs parents. Je perçois toute leur inquiétude, toute leur douleur derrière leurs jeux d'enfants et les pleurs cachés dans le fond de la nuit du dortoir. Pas question de me laisser aller au désespoir qui me guette pourtant de près : je suis responsable de ces petits et je dois être pour eux un modèle de joie et de bonne humeur.

Le Chat botté lu et relu, je peux retrouver Julien Sorel dans ses ardeurs et ses doutes. Quand la bougie s'éteint d'elle-même, fondue jusqu'à son dernier souffle, je vais me coucher. Je traverse doucement le dortoir, remontant une couverture, passant ma main sur le front d'un enfant qui fait un cauchemar, chuchotant quelques mots doux à un petit qui pleure sous son oreiller. Je ne manque jamais de déposer un baiser sur le front d'Alice qui m'attend dans son sommeil et esquisse un sourire quand mes lèvres frôlent sa peau.

Je suis la plus jeune enseignante et je crois bien que j'agace les autres. Ma jeunesse mais aussi mes méthodes pour amener les enfants à apprendre les irritent. Elles n'ont jamais rien connu d'autre que leur école communale sous la férule du souvenir de Jules Ferry et ne comprennent rien à mes façons de faire. J'ai bien essayé de leur expliquer mais autant parler à un mur, rien ne passe, elles ferment les écoutilles et me prennent pour une sale gosse qui ne connaît rien à la vie. Ces vieilles chouettes peuvent bien rester dans leur coin, je m'en fiche. La directrice ne dit rien, elle a l'air de comprendre ce que je fais, voire même de l'apprécier. Moi, je sais que mon groupe d'enfants a plaisir à découvrir de nouveaux mots, des noms de fleurs et les noms savants des nuages et c'est ce qui compte pour moi.

Le château est situé à quelques kilomètres du village le plus proche et il n'y a guère que le cuisinier pour se rendre au marché chaque semaine. Je suis de nouveau enfermée, sans espoir cette fois de sortir pour développer quelque part mes films. Je m'offre pourtant de petites échappées dans les alentours, quand un adulte surveille les enfants à l'étude. Cela me permet de souffler un peu et de découvrir les environs, sans pour autant m'éloigner du château. Je pense avec tendresse à la femme du photographe qui m'a offert du film et qui me permet de continuer mon chemin d'écriture en images. J'ai abandonné les ombres, comme s'il s'agissait d'une époque révolue, liée à la ferme, et je m'intéresse particulièrement aux portraits depuis peu. J'ai pris beaucoup de clichés en pied des enfants en plein jeu mais je sens que ce sont les visages d'enfants qui m'appellent maintenant ; je tente de découvrir au travers du viseur les ombres et les lumières qui les habitent.

Je m'aperçois pour la première fois que mon Rollei, de par sa forme, du fait qu'on est obligé de se pencher, tête baissée, pour voir de façon indirecte la scène qui nous intéresse, est parfait pour se mettre à hauteur d'enfance. Je ploie mon buste pour lire l'image et vois ainsi les choses qui m'entourent, comme si j'avais dix ans de moins. Je me rends compte de cette particularité de mon appareil comme si je le découvrais, et cela me donne un nouvel élan dans ma quête. Cet appareil photo rend le monde de l'enfant dans toute son acuité, tout simplement parce qu'il met le monde à hauteur de ses yeux.

Pendant les temps de récréation, je me promène dans les allées du château et j'observe les visages avec attention. J'attends le moment juste pour saisir l'angle, la luminosité, la construction du visage, la fugacité d'une émotion. Je me tiens prête, tourne la molette de mise au point, avec ma main gauche, jusqu'à obtenir la netteté attendue et j'appuie sur le déclencheur de temps en temps, dans le doute chaque fois, avant de tourner la manivelle qui fait avancer le film d'un cran ; l'appareil est alors prêt pour la photo suivante, prêt à accueillir l'image, la bonne, celle qui m'attend.

C'est la toute première fois que je fais des portraits aussi précis ; moi qui aime tellement les mouvements, j'ai cru jusqu'alors que les corps qui bougent sont la source du mouvement. En réalité, les visages, quand on y prend garde, affichent des milliers de mouvements, à peine perceptibles à l'œil nu. C'est le fait de se pencher sur le viseur qui m'a permis de découvrir ces gestes infimes qui se jouent entre ombre et lumière.

J'ai décidé de réaliser le portrait de chacun des enfants de l'école, et chaque jour j'en choisis deux ou trois que je suis de loin en loin. Aujourd'hui, je suis à la recherche des trois petites effarouchées qui se blottissent dans des coins, les nouvelles, trois oisillons qui s'accrochent aux branches de leur vie, trop jeunes encore pour voler de leurs propres ailes, au bord du vide à chaque instant. Je les prends ensemble puis essaie de les avoir séparément mais je n'y parviens pas pour chacune d'elles. Deux d'entre elles sont aimantées, se touchent toujours par la main ou se collent épaule à épaule ou par le bout de leur pied. Des inséparables, comme ces oiseaux qui bec à bec passent leur vie ensemble. Je tourne autour des petites qui me regardent avec un peu d'inquiétude mais sans peur : elles ont bien compris que je suis comme elles, en fuite, et cachée dans ce château. Elles ont reconnu dans mes chuchotements notre secret commun. Je leur souris en les cherchant des yeux, et j'invente une danse indienne, chassé-croisé de pas autour des fillettes que j'essaie d'apprivoiser en leur racontant l'histoire des photos que j'ai faites avec les fermiers, habillés de leurs plus beaux atours, un dimanche de soleil, sous un chêne vieux de plusieurs centaines d'années.

J'attise la curiosité des petites, tout en tournoyant en cercles concentriques autour d'elles. Je suis assez contente des quelques photos que j'ai prises aujourd'hui. L'appareil photo m'a donné l'occasion d'approcher ces trois princesses et je suis parvenue à les faire sourire en imitant la voix d'ours du fermier et les postures guindées de la famille attendant de voir sortir un petit oiseau de l'objectif. J'ai exagéré, j'en ai fait beaucoup trop, mais j'ai enfin vu le rire des fillettes affleurer. Tout à coup, c'est la seule chose qui a compté : faire rire ces trois oiseaux blessés.

La récréation terminée, je reprends mon groupe en faisant un clin d'œil aux petites. J'ai décidé d'enseigner l'art du regard à ma troupe et pour cela j'ai apporté dans la classe un vase que j'ai emprunté dans la bibliothèque. Il est de porcelaine chinoise, des arabesques d'arbres et de grues couronnées sont peintes avec délicatesse sur le corps de l'objet. Je ne sais pas si ce truc est précieux ou si c'est simplement une imitation mais c'est du bel ouvrage. Je propose aux enfants de s'approcher et de suivre les formes des dessins tout autour du vase. Puis je leur demande de décrire l'objet avec les mots les plus justes possible pour dire le mouvement, les formes, les couleurs, la matière. C'est un exercice difficile mais les enfants s'y prêtent avec attention et rigueur, trop heureux de me plaire ; ils m'aiment bien et sont heureux d'être avec moi plutôt qu'avec une des vieilles chouettes boudeuses. Je les écoute parler, note tout ce qu'ils disent du vase et, après un moment, je leur rends à chacun une phrase, leur phrase, à écrire. J'aide ceux qui n'ont pas encore acquis l'écriture de phrases complètes et encourage ceux qui sont déjà dans ce travail. Je corrige les fautes d'orthographe, ou tout au moins j'essaie, je n'ai jamais été très forte de ce côté-là. Je vais bien souvent ouvrir le dictionnaire pour vérifier un mot et j'espère ne pas dire trop de sottises du côté de la grammaire. Je m'oblige à apprendre quelques règles chaque soir, avant de les évoquer avec ma classe, mais je ne suis pas toujours très sûre de moi, ni très fière par ailleurs. Pour finir, je leur suggère de dessiner un vase avec leurs propres motifs, aux crayons de couleur, sur leur cahier.

La journée se termine, des visages penchés sur des feuilles à carreaux, des langues dépassent de quelques lèvres, et je vois là encore de beaux portraits à réaliser. J'hésite à faire classe avec mon Rollei : mon rôle d'institutrice ne me donne pas le droit d'être dans le même temps photographe, enfin, c'est ce que je crois. Alice, sur son vase, dessine avec un crayon noir un arbre sans feuilles, les racines souterraines apparaissent et font presque miroir par en dessous. Elle n'oublie pas de crayonner l'ombre de l'arbre et cette ombre reproduit aussi les racines. Je suis impressionnée par l'équilibre de ce dessin mais aussi par ces ombres, profondes et angoissantes.

Le repas terminé, je tiens la main d'Alice dans le noir et j'attends qu'elle s'endorme, allongée dans son lit. La petite tout doucement murmure :

– Je déteste cet endroit, mais toi je t'aime.

Elle tarde à trouver le sommeil, et serre mes doigts, inquiète de la nouvelle nuit qui s'annonce. Elle craint de plus en plus les cauchemars qui l'éveillent en pleine nuit et la laissent sur le bord de son lit, seule. Quand, enfin, je sens que l'enfant se détend et glisse dans le sommeil, je me lève pour préparer la journée de demain.

J'ai demandé à la directrice et j'ai obtenu son autorisation : demain, j'irai pique-niquer avec mon groupe. Je suis partie en reconnaissance il y a quelques jours et j'ai trouvé une mare à deux petits kilomètres du château. Elle est pleine de têtards et de petites grenouilles, et j'ai bien envie de partager ma découverte avec les enfants. Je leur raconterai une histoire de prince charmant pendant le repas. Cela les amusera et les occupera, tout en leur faisant oublier les cris de leurs estomacs qui, une fois de plus, ne seront pas repus.

J'ai repéré quelques ronciers où des mûres font des bouquets et je me lèche déjà les babines à l'idée du plaisir du sucre et des taches sur les mains des petits. Je n'ai pas eu trop de mal à avoir l'accord de Mme Pange qui s'amuse de mes méthodes et les trouve « intéressantes, même si elles sont peu conventionnelles ». Elle me défend auprès des autres enseignantes qui ne sont pas d'accord avec ces façons de travailler à l'extérieur en pleine journée et cette manie que j'ai de photographier à tout-va, dès que la classe est suspendue. La directrice voit surtout comme mon groupe prend plaisir à travailler et comme les enfants progressent tant dans la lecture que dans l'écriture, sans omettre tous les mots nouveaux qu'ils apprennent au quotidien, avec appétit. Elle prend aussi la mesure de mon travail de recherche, de mes fouilles dans les dictionnaires et les encyclopédies. Elle passe parfois le soir à la bibliothèque et m'écoute lui expliquer mes trouvailles, mes projets. Une fois, elle m'a embrassée en me soufflant quelques mots qui m'ont bouleversée :

– Tu apportes la joie qui manque tellement dans cet orphelinat. Comment te remercier ?

C'est seulement après avoir compris de quelle façon s'opérait la métamorphose des têtards en grenouilles que j'accepte l'idée de quitter la bibliothèque. Je répète avant de m'endormir les informations que j'ai collectées dans différents livres. Après l'éclosion, les têtards vivent en groupe et ne pensent qu'à manger. Il leur faut plusieurs mois, selon la température de l'eau et la nourriture qu'ils trouvent, pour se métamorphoser… Je m'endors en préparant mon cours et tombe dans le sommeil d'un coup.

22

Au matin le groupe des moyens ne tarde pas à se préparer. Ils sont tous impatients, même Alice, qui sent à quel point cette sortie me fait plaisir. Je passe à la cuisine ramasser tout ce que je peux pour nourrir ma troupe à midi et je l'embarque en chantant sur le petit chemin qui court derrière le château. Un kilomètre à pied, ça use, ça use, un kilomètre à pied, ça use les souliers ça use ; deux kilomètres à pied… Je me rappelle toutes les chansons que j'ai apprises, avec ma maman et aussi à Sèvres, et j'entraîne les petits dans des airs qu'ils reprennent à tue-tête.

La marche me semble plus longue que la semaine dernière. C'est vrai que, cette fois, elle suit au rythme des petites enjambées. Il est presque onze heures quand nous parvenons à la mare et je ris de l'ébahissement de ma classe. La plupart des enfants n'ont jamais vu de têtards et a fortiori de grenouilles, et cette découverte est pour eux pure magie. Je m'assieds avec eux dans l'herbe et commence à leur expliquer la métamorphose. Les petits n'en croient pas leurs oreilles et posent mille questions. Je réponds quand je le peux et mets de côté les interrogations qui me laissent muette. Je chercherai ce soir même pour satisfaire leur curiosité. À l'heure du déjeuner, je leur raconte l'histoire du prince transformé en crapaud par une vilaine sorcière et les conditions de sa délivrance.

Là encore, les petits montrent leur bonheur et oublient un instant qu'ils ont faim, malgré les pommes de terre froides et leur quignon de pain. Je leur propose de jouer après le repas. Ils font la ronde, chantent que le facteur n'est pas encore passé et se perchent sur des pierres pour que le chat ne les attrape pas. Seule Alice reste assise près de moi et contemple la mare, fascinée par l'eau stagnante. Mon appareil photo en main, je regarde le monde par le bas, tête penchée sur mon viseur, et appuie sur le déclencheur à plusieurs reprises. J'ai apporté les cahiers des enfants pour qu'ils écrivent un peu et surtout dessinent la métamorphose du crapaud en prince charmant. C'est à presque seize heures que nous prenons le chemin du retour, épuisés par cette grande journée. Il nous faut presque deux heures pour retrouver le château de Pange et mesurer l'horreur de cette journée.

Quand nous arrivons devant le château, le silence me saute aux oreilles. C'est Alice qui fait la remarque la première :

– Où sont-ils ? Pourquoi personne ne joue dans la cour ?

Je sens moi aussi que quelque chose de grave est arrivé, je tends les bras pour regrouper mon troupeau et le pousse vers le petit bois, en repli. Je n'ai rien besoin de dire, tous se laissent entraîner à l'abri des arbres, en silence. Luco, le garçon qui oublie son nom, reste immobile, tétanisé par ce qu'il pressent. Alice attrape sa main et le tire de toutes ses forces. Il se laisse traîner par la fillette, hagard. Tous se tapissent dans la feuillure du sous-bois et ne bougent pas. Je ne sais pas quoi faire. J'ai peur, si peur que j'ai du mal à réfléchir et à prendre une décision. C'est plus d'un quart d'heure après, quand je vois Mme Pange se diriger vers le petit bois, seule, que je me lève et m'avance vers elle, à découvert, tout en chuchotant aux enfants de ne pas bouger, de se taire jusqu'à ce que je les appelle. Mme Pange accélère le pas et c'est presque en courant qu'elle tombe dans mes bras.

Après un sanglot qui me paraît interminable, la directrice, tout à coup vieille et fragile, me raconte ce qui s'est passé le matin même, à peine une demi-heure après notre départ : un groupe de soldats allemands est arrivé, trois hommes l'ont bloquée dans son bureau sans qu'elle puisse prévenir qui que ce soit, et lui ont demandé de leur fournir tous les papiers d'identité des enfants. Pendant ce temps, les autres soldats ont pris d'assaut les salles de classe et ont fait sortir tout le monde dans la cour. Ils ont fait l'appel en demandant à chaque enfant de se présenter devant eux. À chacun, ils ont fait répéter prénom et nom, ils ont posé quelques questions à certains, d'où ils venaient ou bien comment s'appelaient leurs parents ou bien, plus directement, s'ils étaient juifs. Quand est arrivé le tour des trois fillettes du groupe des petits, celles-ci n'ont pas répondu à l'appel de leur nom. Aucune des trois n'a bougé. Les soldats ont vite compris que ces trois enfants ne connaissaient pas leur nom ou bien étaient mortes de peur. Ils les ont vite repérées et quand ils leur ont demandé avec un fort accent, mais dans un français parfait :

– Et toi, tu es juive ?

L'une d'elles a répondu timidement :

– Non, on n'a pas le droit, on n'est pas juives, on n'est pas des juives.

Les hommes se sont esclaffés, ont regardé de plus près les cartes d'identité et l'un d'eux a parlé en allemand aux autres. Ils ont embarqué les trois petites dans leur voiture en disant à Mme Pange qu'elle pourrait bien être punie pour avoir caché ces petites mais qu'elle aurait le bénéfice du doute.

– Elle ne s'est peut-être pas rendu compte que ces papiers étaient faux, a dit en français un des soldats, tout en faisant un clin d'œil à ses collègues.

Ils sont partis avec les fillettes qui pleuraient et hurlaient, dans un défilé de voitures décapotables vert kaki, et la directrice ainsi que tous les adultes sont restés là avec les enfants, abasourdis par la rapidité avec laquelle tout s'était joué.

Je prends conscience que, si je n'avais pas programmé cette sortie, moi mais aussi Alice et le petit Luco nous aurions aussi pu être embarqués dans les véhicules allemands. Alice attrape ma main et la serre fort. Les autres enfants ne comprennent pas ce qui s'est passé, sinon que c'est la guerre et que des hommes ont enlevé leurs camarades. Mme Pange nous fait entrer dans le château et, avec les autres adultes, sépare certains des enfants du groupe. Huit enfants, en plus d'Alice, Luco et moi, à être isolés des autres qui vont se coucher au dortoir, inquiets de ne pas comprendre ce qui se passe sous leurs yeux à cet instant. Une des enseignantes nous accompagne à la cave en nous expliquant que nous devons nous cacher en attendant que quelqu'un trouve une solution. Je découvre ainsi que huit autres enfants sont juifs et que je ne m'en étais pas aperçue. Ils ont échappé aux Allemands, sans doute parce que aucun d'eux n'a hésité quand on lui a donné son nom. Ces huit-là ont réussi à oublier leur vrai nom et cela leur a sauvé la vie. Mais les trois fillettes n'ont pas eu cette force. Trop petites, trop fragiles, trop meurtries sans doute. Des oisillons tombés du nid. Je voudrais tous les prendre dans mes bras, je leur propose de se tenir la main et de s'approcher les uns des autres, le plus près possible. Alice tient encore la main de Luco qui n'a toujours pas dit un mot. Il n'aurait jamais réussi le test des papiers d'identité, tous le comprennent et lui aussi le sait.

Nous passons la nuit couchés sous les couvertures que nous ont apportées Mme Pange et le cuisinier, « en attendant », nous a dit la directrice, sans préciser ce que nous attendions. J'ai installé ce petit monde de telle sorte que les enfants soient les uns contre les autres et qu'ils puissent se tenir les uns aux autres. Quand je pense que tous dorment, je rejoins Mme Pange, qui m'explique son désarroi. Elle n'a pu prévenir personne directement. Une des enseignantes est partie depuis midi pour alerter les résistants cachés dans la montagne. Elle espère qu'ils trouveront une solution. Elle sait déjà que nous devrons, tous les onze, partir le plus vite possible. Mais pour où et comment ? Elle n'en a aucune idée et pleure dans ses mains.

Je regarde les petits endormis et me demande comment je vais pouvoir protéger tous ces enfants, comment ils vont pouvoir fuir tous ensemble. Je repère Luco qui tremble dans son sommeil. Je comprends qu'Alice ne dort pas quand je vois sa main caresser le front du garçon, avec douceur.

À cinq heures du matin, deux hommes descendent les marches pour accéder à la cave. Ils sont précédés de l'enseignante qui est allée les chercher dans un refuge, lieu secret de la Résistance. Elle le connaît parce que son frère et son mari sont engagés dans la lutte de l'ombre. Je ne dors toujours pas, trop inquiète de la tournure que vont prendre les choses. Les hommes expliquent de façon laconique que les enfants vont devoir les suivre, dans la montagne, avant la levée du jour. Les institutrices ont préparé les sacs avec toutes nos affaires et elles nous réveillent en nous promettant que nous pouvons avoir confiance dans ces hommes qui vont nous éloigner du château, bien trop dangereux pour nous maintenant. Je vérifie qu'il ne manque rien dans mon sac, mes quelques photos, mes films, mon carnet, le mot du soldat allemand, mes vêtements. Tout y est. Quelqu'un y a glissé *Le Rouge et le Noir*. Je lève les yeux et rencontre le sourire de la directrice.

Dans mon Rollei, les portraits des trois fillettes juives sont enfermés, en négatif sur le film, visages noirs sur fond blanc.

Nous gravissons un premier col, les deux hommes tirent et poussent les plus lents tout en portant les deux plus petits.

Au moment où nous franchissons le premier sommet Alice se rend compte qu'elle a laissé toutes les lettres qu'elle a écrites à son frère, cachées sous son matelas. Alors seulement et pour la première fois depuis plusieurs mois, elle se met à pleurer et elle s'immobilise. Je prends sa main et lui promets en serrant ses doigts qu'elle retrouvera son frère et que ces lettres n'auront plus aucune importance à ce moment-là. Alice ne veut plus avancer, elle semble avoir perdu d'un coup toute sa force ; je la supplie de marcher, de ne pas se laisser aller, là en plein milieu de la montagne, mais l'enfant s'est arrêtée et son regard absent ne répond plus à aucune de mes sollicitations.

C'est Luco, le petit Luco qui marchait jusqu'alors derrière nous qui attrape la main d'Alice et parvient à la remettre en marche, sans user de force ni de mots. Elle accepte de le suivre, et c'est main dans la main qu'ils franchissent un autre col avant d'arriver dans le refuge où des hommes nous attendent, avec du lait chaud et des tranches de pain beurrées.

23

Je n'ai pas pu m'empêcher de tendre l'oreille, quand les hommes sont sortis en parlant plus doucement. J'ai entrebâillé la fenêtre du chalet, fermé les yeux pour mieux capter les mots presque chuchotés et j'ai compris qu'ils préparaient une attaque surprise.

– L'idéal est d'appuyer sur le détonateur au moment même où les boches traverseront. Le pont saute, eux avec et basta, on peut rentrer à la maison. Au pire, si on n'est pas top chrono, on doit retarder leur avancée en faisant exploser le pont, coûte que coûte. Ça leur fait un détour de cinquante kilomètres, le temps pour nous d'organiser une nouvelle action. Jacquot, toi, tu passes devant et tu vas coincer les explosifs sur la pile droite du pont. Raymond, toi, tu fais le guet et nous avertis au moindre mouvement suspect. J'irai faire le nécessaire quand il sera l'heure. À la grâce de Dieu.

Les hommes s'activent et ont presque l'air de nous oublier. Le chef, Antoine, me fait part de sa décision : ils s'occuperont de nous à leur retour. Là, il me demande de me débrouiller avec les petits, en les attendant. Ils devraient revenir à la nuit tombée. Il désigne du bout du doigt le placard à provisions, le réchaud et la casserole. Pas question de mettre le nez dehors, il me le répète au moins trois fois :

– Même si vous êtes en haute montagne, à l'abri des regards, mieux vaut rester cachés, c'est plus prudent.

Il me glisse à l'oreille plus doucement que si, par hasard, ils ne revenaient pas, je devrais alors faire descendre les enfants. Il me montre la forêt derrière le refuge, et m'indique le chemin :

– Tout droit, il faudra descendre tout droit. Vous finirez par tomber sur un hameau de quatre cheminées. Il faut compter deux heures de marche, trois peut-être avec les plus jeunes. Au village, entrez dans la première maison et dites que c'est Antoine qui vous envoie. Racontez votre histoire. Vous pouvez avoir confiance en tous ceux que vous rencontrerez dans ce hameau. Ils sont tous de ma famille et nous sommes des combattants de l'ombre. Mais ne vous en faites pas, nous avons bien l'intention d'être là à la nuit. Nous trouverons à manger pour ce soir et partirons dès l'aube, demain matin. Installez les petits. Vous avez quelques couvertures sous le matelas, pas assez pour tout le monde, mais en vous tenant serrés, ça ira bien.

Quand les hommes quittent le chalet, je me rends compte que les seules prières dont je me souvienne sont celles que j'ai apprises au couvent. Je marmonne un Je vous salue Marie et je croise les doigts, en espérant de toutes mes forces que les hommes seront de retour ce soir, qu'ils ne nous abandonneront pas. Qu'ils ne mourront pas.

Le chalet n'est pas si grand et il n'y a guère de place pour bouger. J'ai dégoté une bâche de tissu, qui s'avère en fait être un bout de parachute, je demande aux petits de s'y coucher et je les couvre avec les couvertures rangées sous le matelas de l'unique lit. Je tapote quelques joues, j'embrasse quelques fronts en chantonnant une berceuse. Je m'assieds sur le lit, quand tout ce petit monde semble calmé, je remonte mes genoux sous mon menton et commence alors l'attente.

Je crois bien que j'ai somnolé, comme les petits, jusqu'au milieu de la journée. La nuit à la cave, la longue marche et l'émotion nous ont exténués. Le soleil est déjà haut quand je sens les premiers mouvements et les couvertures bouger. Les enfants ne tardent pas à s'éveiller et à se plaindre : ils ont faim. Saleté de guerre, je déteste cette idée de tous ces gosses affamés à qui je vais devoir dire que la vie est comme ça, dévorante. Je me souviens tout à coup du placard et me lève pour aller prendre les provisions, sans trop d'espoir. Si je trouve quelques biscuits et un bout de chocolat, je devrai partager cela en mille morceaux et ce n'est pas ainsi que je nourrirai ma troupe. Mais incroyable ! J'écarquille les yeux quand je tombe sur trois gros paquets de pâtes fraîches. Je me demande si je peux vraiment tout faire cuire mais je me décide vite, quand des petits penchés sur moi se mettent à crier et à rire. Je comprends tout à coup ce que signifie avoir l'eau à la bouche. Ça me prend sous la langue, la salive monte et je lèche mes lèvres desséchées, à l'idée de ce repas inespéré.

Une seule casserole, quatre assiettes : je m'y prends à trois fois pour faire cuire toutes ces pâtes et je suis obligée d'organiser trois services, en faisant preuve d'autorité : les plus petits commencent, les plus grands seront du dernier service. Les quatre assiettes tournent, passant de l'un à l'autre. Pas loin de deux heures pour que chacun de nous soit repu. L'attente devient alors plus douce, même si nous ne savons pas ce que nous attendons et ce qui nous attend.

Je raconte des histoires pour que le temps s'efface sous la musique des mots. Certains petits s'endorment bercés par ma voix, d'autres sont captés par Baba Yaga l'ogresse, qui fait des miracles une fois encore. Les heures s'étirent, se défont, s'oublient, dans la chaleur de nos ventres enfin en paix et c'est à la nuit tombée, alors que nous oscillons les uns et les autres entre une demi-veille et un demi-sommeil, qu'une voix se fait entendre au-dehors. Silence soudain, nous nous rapprochons, le bloc brûlant de nos peurs nous empêche le moindre mouvement. La porte s'ouvre sur les hommes du matin, les bras chargés de pain et d'œufs. Je ferme les yeux, remercie je ne sais quel Dieu de les avoir ramenés, en vie, de m'avoir protégée de la forêt, tout droit, tout droit, seule avec les petits.

– Belle journée, les enfants ! On va finir par les avoir, ces schleuhs. Et regardez ce qu'on a trouvé pour vous ! De quoi faire un gueuleton !

Au petit matin, après une nuit complètement noire, sans rêve ni pleurs, nous reprenons la route avec les résistants, en descendant, tout droit, vers le hameau. Ça fait du bien de suivre ces hommes qui n'ont peur de rien, d'être parmi les enfants un moment, d'être une enfant.

Une jeune femme a déjà ouvert la porte d'entrée : elle nous a vus descendre et nous attend, avec des bols de lait chaud et du café. Je l'ai repérée de loin, ses bras sémaphores au-dessus de sa tête, au milieu du chemin ; quand nous l'avons trouvée, elle a sauté dans les bras du chef et ils ont tournoyé tous les deux au milieu de nos jambes, de nos rires, emportés par cette danse d'amour. Elle nous a ouvert sa maison puis a parlé aux hommes, dans une langue inconnue. J'ai gardé un œil sur tous les petits, tellement pressés de boire le lait et de grignoter des bouts de tartine confiture. J'essaie vainement de comprendre ce qui se trame dans la pièce, ce que tous ces mots qui me sont étrangers préparent. Il se passe une bonne heure avant que la femme se tourne vers nous :

– Vous allez vous mettre deux par deux, choisissez avec qui vous voulez rester. L'un d'entre vous sera obligé d'être seul puisque vous êtes onze. Nous allons vous cacher dans des familles, dans des hameaux de la montagne. Ici on n'aime pas les Allemands, et s'ils veulent vous faire du mal, on ne les laissera pas faire. Dépêchez-vous de choisir votre compagne ou compagnon, vous ne tarderez pas à partir.

Les petits groupes se forment vite et Alice sans réfléchir une seconde me prend la main. Les duos font grappe et je mets quelques instants avant de voir que Luco se retrouve seul à l'angle de la table : personne ne lui a pris la main ; peut-être n'a-t-il pas été assez rapide pour agripper celle d'Alice ? Quand Alice s'en rend compte, elle lève les yeux vers moi et je n'ai pas besoin d'autre chose pour deviner ce qui va se passer. Je regarde Luco, puis Alice, Luco, puis Alice… Cette situation m'apparaît inextricable. Je la voudrais inextricable mais je sais déjà que la solution est en chemin. Alice lâche ma main. Je me suis agrippée si fort à elle que nos doigts, en se séparant, deviennent légers et brûlants. D'un coup, Alice prend la main de Luco et murmure à mon intention :

– Il a besoin de moi. Toi, je sais que tu vas te débrouiller. Lui pas. Pardon. Promets-moi que nous nous retrouverons, promets-moi.

Quitter Alice ? La laisser partir, ne plus lui parler, l'écouter, la regarder s'endormir ? Mais comment ne pas comprendre ce que ressent Alice dans cet instant ? Elle se sent investie de la mission de protéger un enfant, et rien ne peut être plus important pour elle maintenant. Elle se trouve à ma place. Elle a grandi, c'est à elle de s'occuper d'un autre. D'un autre que moi. Comment ne pas la comprendre, comment ne pas être fière d'elle ? Comment est-ce que je vais supporter cette nouvelle séparation ?

Heureusement, la femme ne nous laisse pas le temps de nous apitoyer. Elle a déjà constitué les équipes, et des adultes, hommes et femmes, surgis sans que personne ne les ait vus arriver, prennent en charge les duos ; ils lèvent le camp pour reprendre des chemins de montagne. Je me penche une dernière fois vers Alice et la supplie de se souvenir :

– La Maison des enfants, à Sèvres, près de Paris. À la fin de la guerre, j'y serai ou bien on te dira où me trouver. Tu te souviendras ? La Maison des enfants, à Sèvres. Tu es courageuse, tellement courageuse, je suis fière de toi, ma belle. Je t'emporte sur mes films, on regardera ces photos, avec ton frère, on sera tous les trois, tu verras. Embrasse-moi et prends soin de Luco, il a besoin de toi.

Je les regarde partir tous les deux, assis dans la carriole d'une paysanne. J'en suis certaine, à cet instant précis, Alice chantonne à Luco *De faïence et de porcelaine, Raccommode objets de valeur…*

24

Je vois partir tous ces petits couples, les uns après les autres ; Je les couvre de baisers et les encourage en m'accrochant à mon sourire comme à une bouée de pleine mer. Pour finir, c'est moi qui me retrouve seule, après avoir vu s'éloigner tout le monde. La femme m'apprend alors que je resterai là, dans cette maison, le temps qu'il faudra. Elle est l'épouse du chef du groupe des résistants et elle vit plus souvent seule qu'accompagnée ces derniers temps. Ils n'ont pas eu encore d'enfants mais la ferme la tient occupée et elle se donne pour mission de nourrir tous ces hommes qui se battent dans l'ombre des montagnes.

Pour cela, elle travaille la terre, fabrique du pain comme les boulangers, en nombre, élève des lapins et des poules, fabrique des pâtes, parce qu'elle est d'origine italienne et que là-bas, dans son pays, la *pasta* est un plat national, elle ramasse des plantes, les transforme en médicaments qu'elle vend à la ville, à cinquante kilomètres de là. Ses journées ne lui suffisent pas pour nourrir les hommes quand ils rentrent de mission et pour leur préparer des paniers-repas quand ils repartent.

Cette jeune femme est enjouée, heureuse, je crois, de me parler, tout en m'annonçant que je vais pouvoir l'aider dans son travail quotidien. Elle tire bien souvent le diable par la queue pour trouver des denrées et doit se montrer maligne pour s'en sortir. Elle connaît bien les plantes et les fruits sauvages et fabrique des confitures en remplaçant le sucre par une betterave du jardin qu'elle ajoute à ses préparations. Elle invente des solutions à tous les petits problèmes pratiques qu'elle rencontre. Elle prépare des tisanes pour calmer les insomnies ou désinfecter les plaies de ses guerriers. Elle ramasse une sorte de blé sauvage et écrase les grains pour faire sa farine. Elle me raconte tout cela avec une vivacité, une fougue qui fait danser les mots dans la musique de son accent italien. Quand elle se rend compte que je suis toujours debout, mon sac à la main, dans l'embrasure de la porte d'entrée, elle s'avance vers moi, me tire gentiment au-dedans, en faisant comme si elle ne voyait pas mes larmes couler. J'aurais détesté qu'elle me console, et c'est comme si elle le savait. Elle ne fait pas un geste de compassion, ne me lance pas de regard attendri, non, elle fait comme si je ne pleurais pas. Je lui en suis reconnaissante.

Elle me pousse vers l'escalier, jusqu'au premier étage, et ouvre une porte sur une chambre confortable et lumineuse. Un grand lit couvert d'un gros édredon imprimé de petites fleurs des champs rose orangé, une armoire de chêne, avec, sur une des trois portes, au centre, un grand miroir puis une petite table de nuit et des rideaux assortis à l'édredon.

– C'est moi qui les ai cousus ; avant la guerre, j'étais

couturière, maintenant, sûr que je n'ai plus le temps. Un jour, je reprendrai tout ça.

Cette pièce est claire, il en émane une douceur, une sorte de chaleur enveloppante qui m'apaise d'un coup. Je ne me souviens pas d'avoir connu un lieu si agréable. Au moment même où je pense ces mots-là, je me mords les lèvres. Bien sûr que si. J'avais une chambre, une chambre où j'aimais jouer, une chambre où j'aimais rêver, il y a bien longtemps, et dans celle de mes parents, il y avait… Mais non, *je ne dois pas, je ne dois pas, je ne dois pas*… Je suis ici maintenant, dans cette maison avec cette femme inconnue si généreuse. La jeune femme s'est tue, elle me regarde un moment sans rien dire. Je suis certaine à cet instant qu'elle devine les ombres qui m'habitent. Elle me fixe avec une telle douceur que j'imagine une seconde que je pourrais me lover dans ses bras.

– Mon nom à moi, c'est Cristina. Viens, je vais te servir un café. Enfin, ce n'est pas du vrai mais tu verras, j'ai trouvé une fleur bleue dont les racines font un bel effet : plus d'un croit que j'ai un stock de café alors que je pile comme une folle ces racines pour que ma réputation ne soit pas prise en défaut !

Quand enfin la journée se finit et que je peux m'allonger dans mon lit immense, je me sens toute petite et, sans me rendre compte de mes gestes, je cherche la main d'Alice.

25

Cristina est dans la cuisine quand je descends, à peine réveillée de cette longue nuit. Il est onze heures passées et je n'en reviens pas de me lever si tard, ce n'est plus mon habitude depuis quelques années maintenant. Mon hôtesse rit de ma mine déconfite et me propose de goûter un bout de ce pain qui sort tout juste du four. Elle me sert un café et continue à trier des herbes sur la table, pendant que je retrouve mes esprits et surtout que je calme ma fringale. Cristina s'amuse de me voir dévorer avec un tel appétit et elle reprend son babillage, trop heureuse de me voir tellement attentive à tout ce qu'elle me raconte.

Pas question d'école dans ce hameau, l'idée que je puisse aller en classe n'effleure d'ailleurs même pas Cristina qui, elle, n'a guère fréquenté ce genre de lieu. Elle sait lire et écrire, en italien, parce que son grand-père le lui a appris. Elle se débrouille en français, mais fait quelques fautes d'orthographe, m'avoue-t-elle. Il est évident pour elle que je vais l'aider et prendre part, à ma mesure, à la Résistance.

Elle me dit en souriant qu'elle est dans les coulisses, en arrière de la scène et que cette place lui va très bien. Je n'ai jamais rien connu d'autre que les cours, que je les subisse, les aime ou les dispense, et je ne sais pas faire grand-chose d'autre que d'enseigner, si ce n'est prendre des photos. Mais à écouter Cristina, je sens déjà que je vais apprendre moult choses nouvelles, sûrement bien différentes de ce que j'ai pu découvrir jusque-là, mais sans aucun doute pas moins passionnantes.

Cristina connaît mille gestes que je n'ai jamais faits, elle a fréquenté des lieux dont je n'ai même pas idée, elle reconnaît les plantes, les champignons, fabrique, cuisine, bricole, et tout cela en chantonnant et en racontant des histoires. Et fréquenter des résistants, ceux qui me protègent depuis le début de la guerre, les nourrir, les choyer est une idée qui me rassure et me plaît bien. Je vais pouvoir me rendre utile, même s'il ne s'agit plus de protéger une enfant sans défense ou des dizaines d'enfants perdus.

J'observe Cristina qui doit être à peine plus âgée qu'Étienne. Elle a fini de trier les plantes, elle fait bouillir le lait de ses chèvres tout en le mélangeant à de la présure. Elle m'explique que d'ici deux jours elle aura une cagette de fromages de chèvre frais mais qu'il faut d'abord cailler le lait et le laisser reposer. C'est la première leçon de la ferme, je n'en perds pas une miette, bien décidée à m'occuper seule des fromages d'ici peu.

Les jours passent, j'apprécie de me laisser étourdir par les mots de Cristina, qui, même si elle se montre bavarde, sait aussi sentir ce que mes silences cachent parfois. Elle est bien décidée à me transmettre tout son savoir, que ce soit dans la cuisine, dans son potager ou dans les prairies de la montagne. Je note quelquefois les détails d'une nouvelle tâche mais le plus souvent je copie les gestes de la jeune femme consciencieusement, avec un sérieux qui la fait parfois éclater de rire. Elle ne se sent pas savante pour un sou et s'amuse de mon application à l'imiter dans les plus infimes détails. Je mets toute mon énergie à apprendre, à écouter Cristina, mais je ne parviens pourtant pas à échapper aux derniers souvenirs.

Je suis hantée par celui des fillettes et particulièrement par la série de photos que j'ai prises sans pouvoir les développer ni les tirer. J'ai l'impression d'avoir dans ce film leur destin entre mes mains. Ces clichés m'obsèdent, c'est à la fois comme s'ils les maintenaient en vie quelque part à l'abri des regards, et en même temps c'est aussi comme si ces clichés pas encore nés portaient leur disparition, une dernière trace des fillettes. Dès que je ne suis plus occupée, ils me viennent aux yeux. Toute la scène est gravée au plus profond de moi et se répète à l'infini, au moindre silence de Cristina, et dès que je me retrouve dans ma chambre, seule. Je crois que je ne pourrai plus jamais faire de portrait de qui que ce soit. Figer éternellement le regard de quelqu'un me semble tout à coup monstrueux, comme si l'image portait la mort en elle, par sa fixité. J'ai toujours mon Rollei à portée de main et me demande comment je pourrai un jour faire de nouvelles photos. Cristina m'a interrogée plusieurs fois sur mon appareil, mais chaque fois j'arrive à esquiver les réponses, à rester floue. Cela ne lui échappe pas, je le vois bien. Elle est assez délicate pour ne pas insister, même si je remarque bien souvent son regard qui se pose sur mon Rollei puis sur moi.

Chaque jour, Cristina attend celui qu'elle aime avec la peur au ventre. Elle sait ce qu'est la mort, elle l'a déjà côtoyée ; derrière sa légèreté, sa logorrhée et ses rires, elle connaît bien la tristesse, quelques phrases en suspens me l'ont fait comprendre. Elle m'a une fois avoué qu'elle avait du mal à trouver le sommeil quand vient la nuit et qu'elle sait son homme quelque part, sans jamais savoir où.

J'étais en train d'ébouillanter les haricots pour préparer des bocaux quand j'ai entendu le hurlement de Cristina. Un hurlement de joie. Elle est entrée en coup de vent en me demandant de laisser tomber ces fichus haricots et de mettre en route une omelette aux champignons, ceux que nous avons ramassés hier, un mélange de cèpes et de morilles. Elle est montée dans sa chambre en courant et s'est changée aussi vite que ses mains le lui permettaient. Elle passe encore ses doigts dans ses cheveux pour les coiffer en dévalant les escaliers, dans une robe à fleurs rouges, les cheveux détachés. Elle a sorti des assiettes et des couverts qu'elle a posés sur la table, la robe emportée dans le tourbillon de cette urgence soudaine, va tirer du vin au tonnelet, jette un œil sur moi qui ris de la voir tellement troublée, tellement troublante aussi. Enfin, elle sort en courant à la rencontre de son aimé, qu'elle a repéré de loin, descendant le chemin de la montagne, quelques minutes avant seulement. Inutile de les voir pour savoir que Cristina a sauté dans les bras de son mari qui l'a fait tournoyer sur le chemin en embrassant ses cheveux, ses joues, sa bouche, tout en lui susurrant des mots d'amour en langue basque. Elle m'a si souvent raconté comment se déroulent leurs retrouvailles que j'ai pu finir l'omelette sans rien perdre de la scène : j'ai l'impression de l'avoir vue des centaines de fois déjà. Quand les hommes et Cristina, pendue au cou de son amour, entrent dans la cuisine, l'omelette est prête et déjà dans les assiettes, accompagnée d'une salade que je me suis hâtée de laver. Les cinq jeunes gens ont entre vingt et vingt-cinq ans, une envie de dévorer, de rire, de s'amuser, cela se sent à chacun de leurs mots mais je ne peux m'empêcher de penser à la conversation que j'ai surprise dans la montagne.

Ces jeunes ont déjà tué et derrière cette insouciance doivent se cacher de drôles de souvenirs. Ils rentrent d'une mission dont ils ne disent rien, sans doute décidés à oublier un moment ce quotidien fait de violence et d'injustices. Je les connais tous, ce sont eux qui ont fait sauter le pont, et pourtant ils ne me regardent plus comme la première fois. Il faut dire que je ne transpire plus la peur ni la fatigue ; je suis bien plus tranquille et cette visite me rend gaie. Je regrette un peu de ne pas être allée me changer moi aussi, d'autant que Cristina m'a offert plusieurs robes de sa fabrication qui mettent en valeur ma poitrine – moi qui croyais la détester, je commence à la trouver plutôt… séduisante.

Le repas se déroule avec légèreté dans un badinage qui m'amuse et fait carrément rire Cristina. Je sens qu'elle attend l'instant où elle va pouvoir planter tout le monde dans cette cuisine pour enfin retrouver son mari en tête à tête. Les garçons ne tardent pas à repartir après le déjeuner, pressés à leur tour de retrouver leurs familles. Carlos, le plus jeune d'entre eux, se penche à mon oreille avant de partir et me souffle des mots doux, genre romance, qui me font rire et rougir en même temps. Je les regarde s'éloigner et je décide d'aller marcher dans la montagne pour ne pas déranger les retrouvailles des amoureux. J'attrape, par réflexe, mon appareil photo ; je n'ai pas fait un seul cliché depuis mon arrivée mais le tenir dans mes mains me rassure toujours.

26

C'est en avançant plus loin sur le chemin que j'ai coutume de prendre avec Cristina que je découvre un étang, dans un pré, derrière un muret de pierre. Je passe par-dessus ce petit mur et m'approche de l'eau. Cela me ramène à la journée terrible où j'ai pourtant pris tant de plaisir avec les petits. Tout me revient, l'émerveillement des enfants devant les têtards, les dessins de métamorphose des crapauds en princes charmants, la marche sur le chemin, le silence dans la cour du château. Je m'assieds sur une pierre, au bord de l'eau, et je laisse remonter les souvenirs. Je retrouve la sensation de la main d'Alice dans ma main.

En baissant les yeux vers le fond de l'étang j'aperçois les nuages dessinés dans le trouble de l'eau. Ils tremblent, blancs sur bleu, et mettent de la lumière dans cette eau sombre. Cette image me sort de mes songes et j'observe avec plus d'attention la danse du ciel dans l'eau.

Sans même penser à mes gestes, j'attrape mon appareil photo et je regarde à travers le viseur ce paysage mouvant. J'appuie sur le déclencheur sans me rendre compte de ce que je fais. Depuis trois mois, je n'ai pris aucune photo, et c'est l'image qui s'est imposée d'elle-même, sans que j'aie le temps d'en prendre conscience.

Je retrouve vite mes habitudes, je me lève et fais le tour de l'étendue d'eau, cherchant l'angle et le bon, l'image et la bonne. Je retrouve ce rythme de la danse qui donne à mes jambes un pas léger et sautillant. Excitée par cette prise, je tente d'autres clichés et déclenche encore deux fois avant de repartir, dans l'espoir de tomber à nouveau sur quelque chose d'aussi stimulant. En retrouvant le chemin, je m'aperçois que la pluie a laissé quelques flaques que je n'avais pourtant pas remarquées jusqu'alors. C'est comme si mes yeux se remettaient à voir. Je me penche et découvre encore des bouts de ciel, des arbres à l'envers, des branches-miroirs. Je ne vois pas le temps passer, trop occupée à me réconcilier avec le monde, et c'est à la brune, quand la lumière se voile doucement tout en offrant une acuité particulièrement vive aux couleurs, juste avant de s'éteindre pour laisser place à l'obscurité, que je fais mon plus beau plan, j'en suis convaincue : dans une flaque d'eau, j'ai attrapé mon visage et j'ai cliqué sur le déclencheur. *Autoportrait entre chien et loup*, me suis-je dit à l'instant même où l'image s'est fixée sur le film.

Moi qui pensais ne jamais pouvoir refaire de portrait, je me suis photographiée, en passant par le filtre de l'eau, à l'envers.

Je pense à cette soudaine renaissance et il me semble que je comprends : pour l'instant, j'ai besoin de transformer les images, de faire avec leur reflet, comme j'ai pu faire avec les ombres. C'est sans doute la seule façon qui me reste pour aborder la guerre, ma guerre. Happée par ce nouvel élan, je redescends en courant sur le chemin de la ferme, dans le tourbillon de mes cheveux qui volent au-dessus de ma tête, tout à coup légère, légère. Je suis toujours photographe, j'ai eu si peur d'avoir tout perdu de ce feu, je suis toujours photographe et c'est dans les reflets que je vais retrouver mon chemin, dans le double des choses, dans cette douceur feutrée de l'entre-deux. Je le sais, je le sens.

Cristina et Antoine sont dans la cuisine et me voient arriver avec plaisir. Ils commençaient à s'inquiéter, même si Cristina me fait un clin d'œil en pinçant ma hanche au passage, pour me remercier d'être partie si discrètement. Cette fois, c'est moi qui parle, à la surprise de Cristina, plus habituée à mon silence qu'à mes bavardages ; je leur raconte ma découverte : j'ai retrouvé le sens de l'image et je sais maintenant comment attraper le monde. Ils sont étourdis par ce flot de paroles et ne doivent pas tout comprendre mais ils me sourient, et j'aime ces deux sourires si pleins de joie et de tendresse. C'est la première fois que Cristina me voit dans cet état. Elle chantonne un vieil air italien, *Les bonheurs n'arrivent jamais seuls,* et elle se met à la cuisine, bien décidée à nous faire fondre de délice. J'en suis encore à leur expliquer tout ce que je pourrais faire avec mon appareil maintenant quand nous nous mettons à table. Je me calme un peu pendant le repas, et les amoureux à leur tour se mettent à se raconter.

Juste avant de dormir, je pense à Étienne. Je m'imagine poussant la porte de sa boutique et lui, levant le nez pour m'apercevoir. Je m'endors sur ce rêve et le laisse grandir, écartant enfin les cauchemars qui me débordent chaque nuit depuis que j'habite cette ferme.

Antoine passe quelques jours chez lui, mais il va devoir repartir, dans le nord de la France, pour une nouvelle mission. Il ne peut en dire plus et n'en a pas l'envie. Je me fais toute petite et je sors le plus souvent possible de la maison pour les laisser en paix.

Je sais maintenant chercher et reconnaître les champignons, recueillir le bouillon blanc, une longue plante aux fleurs jaunes avec laquelle j'ai appris à fabriquer un médicament contre la toux que Cristina vend au pharmacien, à la ville, afin de pouvoir donner l'argent à son mari, pour la cause. Je coupe les orties blanches et les mets dans mon panier, en vue de concocter une soupe vitaminée aux tourtereaux qui en ont bien besoin après leurs siestes amoureuses, et je traque les reflets dans tous les lieux. Je me suis beaucoup interrogée devant le miroir de ma chambre, mais, jusqu'alors, je n'ai pas trouvé l'image qui vaille que je la mette en boîte. Trop de luminosité, et puis peut-être aussi un reflet trop proche de la réalité, un reflet qui ne transforme rien, ne déforme rien, un reflet qui copie le réel avec trop d'application, même si c'est en inversant le monde.

C'est dans la porte vitrée de l'entrée que je trouve ce que je cherche depuis mon retour à la photographie. Je rentre tout juste d'une de mes longues balades, les bras chargés de roquette de montagne, de baies rouges et sucrées et de fleurs de génépi. Les deux époux sont assis, enlacés en se racontant des histoires. Quand je pose mon panier sur la table, je me retourne pour refermer la porte et repère alors le reflet des amoureux s'embrassant. Dehors, le soleil se couche et fait feu dans le ciel. En une fraction de seconde, j'attrape mon Rolleiflex et saisis cette image qui disparaît rapidement dans la presque nuit. Je pleurerais de joie tant j'ai le sentiment d'avoir fait là quelque chose d'extraordinaire. J'ai saisi au vol le bonheur, dans la lumière parfaite de la fin du jour. Et c'est là aussi un moment de ma guerre, même s'il est si différent de tous ceux que j'ai vécus jusqu'alors. Je ne dis rien – comment expliquer cet instant de magie à mes amis ? Je sais qu'un jour je leur rapporterai cette photo, quand la guerre sera loin. Ils comprendront alors.

Ce soir, dans mon cahier, j'écris : *« Quand je te retrouverai, je n'aurai plus besoin de regarder le monde à travers une vitre. Nous le prendrons à bras-le-corps, nous nous prendrons corps à corps et nous trouverons la force d'être dans la vie, sans peur, sans retenue. »*

Un matin, deux semaines après son arrivée, Antoine reprend la route, laissant Cristina se blottir dans mes bras. Il est rassuré, je crois, de nous savoir ensemble, et je sais qu'il espère plus que tout revenir dans son village, un jour.

27

Antoine est parti depuis cinq mois, et Cristina n'a plus de nouvelles de son amour depuis trois mois déjà. Elle voit son ventre grossir et se demande si un jour ce petit connaîtra son père. J'ai compris sa grossesse quand je l'ai trouvée en larmes et vomissant derrière la ferme. Je l'ai relevée, je lui ai essuyé la bouche et l'ai accompagnée jusqu'à son lit, en pleine journée. Je lui ai préparé une tisane de menthe poivrée dont je connais les propriétés antispasmodiques particulièrement bénéfiques chez les femmes enceintes. Je sais tout cela grâce à Cristina qui s'applique à me transmettre toutes ses connaissances avec cette générosité et cette joie qu'elle cultive malgré sa peur constante.

Elle est souvent fatiguée et je fais tout ce que je peux pour la soulager, trop heureuse de pouvoir lui être utile. Je me lève tôt chaque matin et je répète tous ces gestes que j'ai observés si souvent depuis mon arrivée. Cristina, quand elle se lève, trouve la maison propre, les casseroles sur le feu, les racines de fleurs pilées et prêtes à être utilisées en remplacement du café disparu depuis le début de la guerre.

Elle essaie de garder cette bonne humeur qui la caractérise mais elle se laisse parfois aller au silence et à la tristesse. Je reprends alors le flambeau et je l'assomme de mots, à un point tel que Cristina finit par rire de ce déploiement d'énergie.

Le bébé pousse avec ses pieds la paroi du ventre de sa mère et celle-ci m'appelle pour que je sente l'enfant. Nous rions de bonheur à ces sensations et nous inventons des histoires sur l'avenir de cette petite ou de ce petit. Nous espérons en vérité l'une et l'autre que ce sera une fille. Ce soir, Cristina m'a promis que si c'est le cas, elle portera mon prénom, Catherine. Je n'ose rien lui dire de ce prénom qui n'est pas le mien et que je porte pourtant maintenant comme s'il l'était depuis toujours.

Les jours passent et toutes les deux nous nous enlisons de plus en plus souvent dans nos inquiétudes et nos peurs, en essayant pourtant de ne jamais entraîner l'autre dans la tristesse. Nous prenons des habitudes dans l'hiver qui s'éternise alors que le printemps est pourtant finissant.

C'est ce matin, en plein mois de juin, que Cristina m'annonce que je dois aller chercher la sage-femme au village. C'est l'heure, elle le sent. Il lui faut presque une journée pour mettre au monde une petite Catherine – Catherinette dit la maman exténuée, débordante de bonheur et de tristesse en même temps. La sage-femme repart quand la maman est hors de danger en me faisant quelques recommandations. Je suis émerveillée par cette naissance, bouleversée de cette petite qui porte ce nom qu'un homme un jour m'a offert. Un homme qui n'était pas mon père.

Je m'active dans la ferme pour laver les draps, préparer les serviettes comme me l'a suggéré la sage-femme, une vieille dame au rire en grelots de fée. Je fais macérer du fenouil sauvage que j'ai trouvé l'été dernier, pour la tisane qui augmente la quantité du lait maternel, je vérifie que la mère et l'enfant dorment bien, prépare un plateau pour le réveil de Cristina en remplissant une carafe d'eau, indispensable au moment de l'allaitement qui, m'a expliqué la sage-femme, donne terriblement soif à la maman.

La petite a déjà trois jours ; je ne vois pas le temps filer depuis cet accouchement. Cristina commence à récupérer et à se lever un peu, malgré mes reproches. Nous sommes toutes les trois dans la cuisine quand la porte s'ouvre à la volée sur Antoine, qui s'arrête d'un coup, le temps de comprendre la scène qu'il a sous les yeux. Il pousse un cri qui fait sursauter Catherinette et se jette aux genoux de Cristina, pour l'embrasser. Il ne se lasse pas de regarder la mère et l'enfant et pleure en laissant sa femme caresser ses cheveux. Je regarde la scène, surprise par la rapidité avec laquelle tout s'est passé sous mes yeux. Je ne mets pas bien longtemps avant de m'apercevoir que la manche du manteau d'Antoine est ballante. Il faut quelques secondes de plus à Cristina pour saisir ce que j'ai tout de suite compris. L'homme a perdu son bras gauche et revient à la maison morcelé, dans la souffrance de la mutilation mêlée à ce bonheur tellement inattendu.

Impossible de prendre en photo le bébé. J'ai trop peur de provoquer sa disparition en faisant un cliché. J'y ai pensé, j'ai essayé mais je ne l'ai pas fait, dans le souvenir des films rangés au fond de mon sac. Cette scène de retrouvailles me donne envie un instant de prendre mon Rollei, mais je m'arrête là encore, avec ce sentiment que certains moments ne peuvent être volés. Alors que je me lève pour sortir doucement de la maison, Antoine me retient avec quelques mots, en levant la tête, les yeux rouges et les paupières gonflées :

– Les Anglais, les Américains et les Canadiens ont débarqué en Normandie, les Allemands sont en déroute. La fin de la guerre approche. Nous allons pouvoir élever ce bébé en paix.

Soufflée par ces paroles, je m'assieds à nouveau et me répète les mots d'Antoine ; je tente d'imaginer ce que cela veut dire, ce que je vais devenir ; mes parents qui peut-être m'attendent déjà, ou me cherchent partout. Comment pourraient-ils me trouver dans ce hameau de montagne au fin fond des Pyrénées, où aucun Allemand n'a même jamais mis les pieds ?

J'aperçois, en relevant la tête, le reflet du couple de parents caressant la tête de leur enfant, et leurs mains et leurs doigts emmêlés et la manche vide et raide du manteau d'Antoine. Cette fois, je prends mon Rollei et appuie sur le déclencheur. Je sais que cette photo s'appellera *La fin de la guerre*. J'enfile mon gilet, sors dans la fraîcheur de cette soirée de juin et marche longtemps sur le chemin, tout droit.

28

Antoine a récupéré une radio dans ses pérégrinations et nous écoutons tous les trois, chaque soir, les messages de radio Londres. L'appareil capte la BBC avec quelques difficultés, en fonction du vent dans les montagnes et des orages latents. Le poste récepteur grésille toujours un peu mais nous tendons l'oreille et suivons l'avancée des Alliés et le recul des Allemands avec espoir. Catherinette apprivoise son père qui la porte de plus en plus volontiers dans son bras quand il est assis et que Cristina ou moi sommes dans les parages. Il m'a avoué, sans rien en dire à Cristina, qu'il a si peur de sa maladresse qu'il n'ose pas la prendre quand il est seul avec l'enfant.

J'attends chaque instant maintenant l'annonce de la fin de la guerre. Je ne peux plus m'empêcher de penser à mes parents et me reprends à croire que je vais les retrouver. Je pense aussi à Sarah et à Jeannot, je me rends compte à quel point ils me manquent, même si je lutte depuis des mois pour ne pas tomber dans la nostalgie, et être le plus possible dans ce présent, ici. Je songe à Alice qui bientôt rejoindra son frère. Je désire de plus en plus partir, mais l'idée de quitter mes amis et la petite me fait terriblement peur. Ma vie n'est pas dans ce hameau, je le sais bien, même si j'aime marcher sur les chemins alentour, même si je connais maintenant chaque recoin de cette maison et que je me sens proche de Cristina et en sécurité près d'elle. Même si j'ai vu naître la petite et que je l'aime si fort. Je me prépare à un nouveau départ, et celui-là, je ne le subirai pas ; pour la première fois, je vais partir de mon propre chef, à la recherche de ceux que j'aime et que j'ai perdus, il y a plus de deux ans maintenant.

Le 15 août, alors que nous écossons, Cristina et moi, des petits pois, l'oreille aux aguets des ondes tremblotantes du poste de radio, et qu'Antoine boit un café, les yeux fermés pour mieux capter les mots lointains, la BBC annonce avec grandiloquence la libération de Paris. Les petits pois volent au plafond, Antoine renverse sa tasse, nos chaises tombent en arrière et nous laissons exploser nos joies. Nous nous mettons à danser, Antoine et son bras unique nous attrapent pourtant toutes les deux et nous font tourner et chavirer. Je suis étourdie de ce bras qui m'enserre la taille et des baisers d'Antoine et de Cristina dans mon cou, sur mes joues, dans mes cheveux. Catherinette, réveillée par nos rires et nos chansons improvisées, se met à pleurer : Cristina la sort de son lit pour la faire danser à son tour. Antoine descend à la cave sortir une bouteille de génépi et il sert trois verres remplis à ras bord de cette liqueur d'un vert ensoleillé. Il nous faut plus d'une demi-heure pour nous calmer et nous asseoir à nouveau, éreintés, abasourdis, émerveillés par ce que cette nouvelle signifie.

Paris libéré, c'est l'annonce de la fin de la guerre. L'annonce de la fin de la guerre, c'est le retour à la vie, mais pas celle d'avant pourtant. Jamais plus rien ne pourra être pareil pour chacun de nous ; Antoine restera un infirme, il devra travailler la terre avec un bras, Cristina ne pourra pas oublier sa peur de l'absence, sa crainte d'être abandonnée, et moi, je devrais quitter ce bout de mon histoire et reprendre ma route. Sans parler des morts, des disparus, des terreurs, des silences, des attentes…

Notre folie passagère disparaît peu à peu et laisse place aux gazouillis du bébé et à nos peurs des jours à venir. Étrange sentiment, cette annonce de la paix vient bousculer une sorte de tranquillité dans laquelle nous nous sommes installés tous les quatre en ce temps de guerre pourtant. Maintenant, nous n'attendrons plus, nous allons devoir agir, faire des choix, non plus contre les ennemis mais pour construire quelque chose d'inconnu et de beau.

Je monte dans ma chambre dès la fin du repas. Je m'assieds sur le lit et décide que, cette fois, je vais vraiment partir, je ne peux pas attendre. Paris libéré…

Cristina frappe à la porte, je mets un moment avant de lui répondre, perdue dans mes rêves et mes inquiétudes. À sa tête, je comprends vite qu'elle vient m'annoncer une mauvaise nouvelle. Ils viennent de l'apprendre de la bouche d'un résistant qui a marché longtemps avec Antoine. Il est venu frapper à la porte dès qu'il a eu l'information. Paris n'est pas libéré, c'est une fausse nouvelle, et même si les Allemands perdent du terrain dans le Nord, ils sont encore bel et bien là, son frère le lui a affirmé au téléphone, il y a moins d'une heure. Je n'ai toujours pas bougé quand Cristina referme la porte derrière elle, en m'assurant que nous reparlerons demain matin de tout cela.

Après un long moment immobile, je finis par me lever, j'ouvre la porte de l'armoire, regarde la pile de vêtements ; je cherche des yeux un sac où ranger tout cela, le mien est trop petit maintenant. Cristina m'a donné robes et chemisiers et même une paire de draps brodés, pour le jour où je me marierai, a-t-elle précisé. Je fais un tas de mes bobines de film à développer, il y en a douze, je prends les négatifs et les quelques tirages que j'ai pu effectuer et, dans le faisceau de lumière de la table de chevet, je laisse défiler des bouts de ces deux dernières années, dans la transparence de la nuit.

Impossible de trouver le sommeil avant de prendre ma décision : je vais partir, le plus vite possible, même si Paris n'est pas encore libéré, il ne peut s'agir que d'une histoire de quelques jours maintenant. Je vais remonter sur Paris, chercher l'appartement où j'ai vécu puis, quand j'aurai retrouvé mes parents, j'irai à Sèvres, je reprendrai peut-être mes cours mais, surtout, je développerai mes films. Puis viendra le temps d'Étienne, d'Alice et celui des retrouvailles avec tous ceux qui m'ont accueillie avec tant de générosité. Avec tout cet amour.

Paris sera libéré, comment pourrait-il en être autrement ?

Au petit déjeuner, je sens tout de suite la tension chez

Cristina et Antoine. Seules nos cuillères qui tournent dans la tasse viennent briser un silence presque électrique. C'est Cristina qui se dévoue et m'adresse enfin la parole.

– Ce n'est que partie remise, Paris sera libéré, forcément, et d'ici quelques jours. Tu n'as plus longtemps à attendre, je te promets que nous t'aiderons quand il sera l'heure pour toi de partir.

29

J'ai passé une grande partie de la nuit à réfléchir : pas question pour moi de remettre mon départ. Je ne ferai pas machine arrière. Je dois partir. Et si Paris doit être bientôt libéré, je n'en serai que plus proche si je pars maintenant. Antoine et Cristina m'écoutent, et ne s'opposent pas à ce que je leur explique. Je crois qu'ils sentent que rien ne m'arrêtera.

Si je dois partir à pied, je partirai à pied. La seule chose qu'ils parviennent à me faire accepter pourtant est qu'Antoine va passer par le réseau pour que je puisse remonter dans le nord de la France le plus rapidement possible. Pour l'instant, les trains circulent mal ou pas du tout, et il y a près de neuf cents kilomètres jusqu'à la capitale. Antoine me promet qu'il va trouver une solution pour m'aider à partir dans les meilleures conditions possibles. Il me demande juste quelques jours pour organiser mon départ.

Cristina frappe à la porte de ma chambre, elle me tend un sac de toile. Elle l'a cousu discrètement et a brodé le prénom de Catherinette dans un coin. Elle m'aide à me préparer ; c'est bien entendu, dès qu'Antoine aura une possibilité pour moi, je prendrai le large. Nous nous asseyons un moment côte à côte toutes les deux sur le lit et laissons revenir les souvenirs de ces longs mois ensemble. Nous évoquons les plus drôles, les plus touchants et laissons dans l'ombre les plus tristes. Nous nous rendons compte que nous ne nous sommes jamais disputées, jamais même chamaillées.

– Nous nous sommes juste toujours aimées, comme deux sœurs, murmure Cristina.

C'est au bout de trois jours qu'Antoine parvient à me présenter mon itinéraire. Je vais monter dans le nord en plusieurs étapes. Pour commencer, un des siens va me prendre en voiture et me déposer à Toulouse. Là, je dormirai chez quelqu'un et repartirai le lendemain avec quelqu'un d'autre, pour Limoges. De là, je prendrai un car jusqu'à Bourges. Pour ce qui est de Bourges à Paris, il ne peut me garantir que je serai accompagnée mais il fait son possible pour que je sois prise en charge par une femme du réseau qu'il n'a pas encore réussi à contacter.

Mon départ est prévu pour demain, six heures, m'annonce Antoine, qui a retrouvé son aplomb et sa raison d'être dans cette fin de guerre. Il n'est plus ce mutilé mais bien ce résistant de la première heure qui a gagné sa place par la force de son caractère et sa débrouillardise. Je sens que Cristina reconnaît chez son époux cet élan qui semblait l'avoir déserté depuis qu'il est revenu ; elle lui glisse quelques mots à l'oreille qui me laissent deviner son admiration revenue. Quelle étrange situation : Antoine est à la fois heureux d'être rentré, d'avoir découvert sa petite fille, mais il est aussi souffrant et découragé d'être un homme diminué, handicapé, mutilé, dépendant d'elle pour certains gestes du quotidien, incapable de prendre en charge seul son bébé. Je me demande comment il retrouvera toute cette énergie qui l'a conduit au combat avec autant de force et peut-être même de plaisir. Je me demande comment il pourra vivre en paix.

C'est Carlos, que j'ai rencontré plusieurs fois, qui vient me chercher dans une Citroën 11CV. Des au revoir qu'ils essaient tous de rendre légers, même Catherinette me fait de petits signes de main en riant. Nous nous promettons des retrouvailles, les amoureux m'assurent que cette maison sera toujours la mienne et qu'ils m'attendent déjà. Cristina a pris soin de glisser dans mon sac pain frais, fromage et saucisson, mais aussi des tisanes pour prévenir et soigner les maladies de la vie.

Alors que je suis déjà assise dans la voiture, je demande un instant à Carlos, j'ouvre la porte, prends dans mes bras Cristina et lui souffle à l'oreille :

– Mon vrai prénom est Rachel mais je serai toujours Catherine pour Catherinette, merci vraiment, tellement merci.

Dans la voiture, Carlos tente de lier conversation mais il se rend vite compte que je suis incapable de parler. Trop d'émotions, trop de peurs, trop de trop. Il respecte mon silence et roule jusqu'à Toulouse, en chantonnant de vieilles mélopées basques. Je me laisse gagner par la musique et dans ma tête je chante *De faïence et de porcelaine, Raccommode objets de valeur*… en me demandant où peuvent bien être Alice et Luco à cette heure.

À Toulouse, tout me semble lointain, je dors dans la famille de Carlos et je repars le lendemain dans la même auto, mais je change de chauffeur, c'est un homme plus âgé, dont je ne connais que le prénom, Maurice. J'essaie de répondre à ses questions et de me montrer agréable mais la remontée vers Paris suscite tant d'inquiétude pour moi que j'ai du mal à rester calme et à parler de la pluie et du beau temps. Et si l'appartement de mon enfance était fermé ? Et si mes parents n'étaient pas là ? Et si les adultes de la maison de Sèvres avaient été dénoncés, et si je ne retrouvais pas Sarah et Jeannot, et si le labo avait été détruit, et si ? Et si ?

Il nous faut presque douze heures pour parvenir à Limoges tant la route est mauvaise. Je partage avec Maurice mes provisions, au bord de la route. Le silence s'est enfin installé entre nous, c'est plus facile ainsi. Les paysages ont défilé toute la journée, dessinant de longues traînées sur les vitres. J'ai regardé sans voir et me suis imprégnée des couleurs de l'été sans même m'en rendre compte. Quand je ferme les yeux, je vois encore le blond des blés, le bleu et le brun de la terre et du ciel. Ce voyage qui me mène de point en point à travers la France m'approche de plus en plus de mon attente, de mon espoir, et, je le sais aussi, peut-être de mon désespoir.

Limoges, ma première destination ; le couvent Saint-Eustache, tout cela me paraît si loin déjà que je n'imagine pas demander à Maurice si nous croisons ces chemins-là.

Peut-être aurions-nous pu nous arrêter pour la nuit au couvent ? Mais comment pourrais-je alors expliquer l'absence d'Alice à mes côtés ? Elle m'a été confiée et je suis incapable aujourd'hui de donner de ses nouvelles. Je me laisse conduire et ne dis rien de la proximité ni de l'éloignement des lieux ni de mon passé proche. Étienne… Je n'ose demander si la route nous conduit vers chez lui.

Maurice me dépose à un arrêt d'autocar, me donne un sac dans lequel, une fois de plus, quelqu'un m'a préparé un casse-croûte copieux et un Thermos de café. Il repart, après m'avoir prise dans ses bras pour me donner l'accolade, dans un geste fraternel et masculin, me laissant sur un banc, seule au mitan de la nuit. Je sors une écharpe de mon sac et m'en couvre les épaules. Je somnole, assise, jusqu'au petit matin. Je suis réveillée par le coup de freins du car qui ouvre ses portes en grand. Je paie avec ma pièce de cinq francs, celle que mes parents m'ont laissée, il y a bien longtemps déjà, et m'installe sur un siège. Fermer les yeux, me laisser bercer par le ronronnement du moteur, le balancement de la route.

Ce long voyage se construit dans les sensations, les images, les odeurs. Rien ne retient mon attention et je suis pourtant sensible à chaque couleur, chaque son. Je suis traversée par cette route, tout entière dans ce voyage et en même temps absente à ce présent qui file sous mes paupières. Je traverse le temps et la France dans une forme d'absence à moi-même et au monde qui m'entoure, et dans un même mouvement extrêmement sensible à ce monde, dans un entre-deux qui me tient éloignée de mes émotions.

À Bourges, une femme m'attend. Elle s'avance vers moi comme si nous nous connaissions et m'entraîne à l'écart des soldats allemands, qui sont en partance, pour une partie d'entre eux. Cette femme d'une quarantaine d'années se présente comme une amie d'Antoine et m'engage à la suivre chez elle. Je devrai y passer quelques jours, me dit-elle, avant de pouvoir partir sur Paris. Elle m'explique qu'elle est en train d'organiser une action et que, d'ici deux ou trois jours, je pourrai la suivre et regagner la capitale. En attendant, je logerai dans son petit appartement, derrière la cathédrale. Cette halte forcée me convient bien ; j'ai de plus en plus peur, au fur et à mesure que se réduisent les kilomètres qui me rapprochent de mon but. Passer en zone Nord reste pour moi une épreuve, même si je le désire de toutes mes forces. Quelques jours à attendre me rassurent, je suppose même qu'ils m'aideront à franchir la dernière étape avec plus de courage.

La femme pousse la porte de l'appartement, désigne un lit, me montre le seau qui sert de toilettes, le broc et la bassine pour se laver, le réchaud dans la cuisine et quelques provisions que je peux utiliser. Elle me recommande de ne pas sortir jusqu'à ce qu'elle vienne me chercher. Je ne tiens, de toute façon, pas du tout à me promener ou à découvrir la ville. J'ai juste besoin de m'arrêter un peu pour pouvoir repartir sans hésitation, pleine de mon désir. En faisant attention je peux tenir trois jours avec les provisions, sans faire de folies. La femme referme la porte à clé derrière elle et j'entends ses pas disparaître dans l'escalier.

Commence alors l'attente, un temps étrange et plein qui s'étire à l'infini.

Je passe deux jours et une nuit dans un demi-éveil, comme si j'avais de la fièvre. Du lit aux toilettes, des toilettes au lit, je somnole ou ferme juste les yeux, ou dors profondément en évacuant tout ce qui peut me traverser en ce moment. Je ne fais strictement rien : j'attends que la femme revienne, sans impatience. Ce sera alors mon dernier bout de route pour atteindre mes rêves. Ou bien mes cauchemars ?

La femme revient deux jours plus tard, c'est elle qui me dit que ce temps a passé, j'aurais été incapable de le mesurer ; elle m'intime de m'habiller rapidement : un homme passe nous chercher dans un quart d'heure.

Un homme arrive, comme prévu, mais il est déguisé en soldat allemand. Elle-même enfile un uniforme allemand, version femme. J'apprends que je voyagerai dans le coffre, qui est assez grand pour se lover, tout en repliant ses jambes, et que Paris devrait être atteint en une seule traite, si tout se passe comme voulu. Je trouve cette idée de voyager comme un vulgaire paquet tout à fait en adéquation avec mon état ; j'ai besoin de me laisser porter sans réfléchir et de fermer les yeux.

Dans le coffre, j'ai juste assez d'air pour ne pas croire que je pourrais mourir. Je ferme les yeux et ne sais plus rien du paysage du dehors, des rencontres extérieures ; ma seule réalité reste celle du dedans. La chaleur mouille mes vêtements et me laisse dans un état qui frise l'hallucination. Chaque infime mouvement me donne plus chaud encore et je me demande un instant si la température de mon corps n'a pas atteint son maximum. Je me sens près de l'explosion et dans le même temps assommée, comprimée par la touffeur de l'espace. Je frôle une sorte de sommeil où se mêlent souvenirs, espoirs, figures grimaçantes, les lèvres sèches et la gorge en feu. Les cahotements de la route me secouent presque régulièrement, et je reste insensible à ce qui pourrait se passer tant je me sens loin de tout, loin du monde de la guerre, loin de moi.

Je n'ai même pas le temps d'avoir peur quand quelqu'un ouvre le coffre. C'est la même femme, celle que je connais qui me regarde, d'en haut, sauf qu'elle n'est plus habillée en soldate allemande : elle est en short et en chemise et rit de tout son saoul en criant à tue-tête :

– C'est la libération ! La libération de Paris !

30

Je me déplie, tout engourdie de partout, chacun de mes os me fait souffrir, une jambe puis l'autre au-dehors, mon corps se déploie quand je pose un pied par terre et je sens le ciel au-dessus de ma tête, le soleil me frappe et je suis obligée de fermer les yeux pour ne pas tomber. Je ne trouve pas tout de suite l'équilibre, comme les marins qui mettent les pieds sur la terre ferme après des jours en mer. Je ne comprends pas, tout d'abord, ce que la femme me dit, trop étourdie par l'air, les cris et cette chaleur qui m'a écrasée dans le coffre.

Quand enfin j'arrive à regarder autour de moi, je ne lis tout d'abord dans le paysage que la désolation : des piles de vieux matelas déchiquetés, des branches d'arbres en feuilles qui jonchent les rues, des bouts d'armoires et de lits morcelés, des pavés empilés, des sacs de toile de jute remplis de chiffons qui dépassent parfois, vomis par des sacs éventrés. Mes yeux s'habituent peu à peu à la lumière et à cette scène d'apocalypse.

Pourtant, en toile de fond, je perçois de mieux en mieux les cris, les chants, la joie qui explose au loin et même derrière la voiture. Celle-ci est arrêtée en pleine rue, à quelques encablures de la capitale ; la femme me parle et je l'entends au loin ; je suis obligée de lui faire répéter ce qu'elle me dit, à cause du bruit, du mal de tête qui me taraude, à cause de l'éblouissement, de ces émotions qui me submergent sans pouvoir trouver de mot ni de gestes. Tétanisée, je tente de saisir ce que me crie la femme, mobilisant toute mon attention vers les lèvres de la résistante qui répète une fois de plus :

– Je suppose que tu vas retrouver ton chemin. Nous te laissons à bon port. Nous avons une dernière chose à faire avant la fin de la guerre. Pas possible de laisser ces salauds partir comme ça. Nous repartons. Bonne chance à toi et adieu.

Je me retrouve sans comprendre comment au milieu d'une rue inconnue, mon sac sur l'épaule, mon Rollei dans la main. Je regarde ce qui m'entoure dans le viseur, tête baissée, et je déclenche, au rythme de mes pas. Je marche droit devant et déclenche, tourne la molette pour faire avancer le film, déclenche, tourne la molette, déclenche… sur un bâtiment aux vitres explosées, sur un autre bâtiment, criblé de balles, sur une branche d'arbre plantée comme un fanion en haut d'une pile d'objets métalliques, sur un reflet de moi, hagarde, dans une vitre, je me photographie au milieu de décombres, comme si j'étais la seule survivante d'une catastrophe ; peu à peu, à mesure de mon avancée vers Paris, puis dans Paris, je vois les êtres enlacés, les femmes et les hommes qui dansent les yeux au ciel, les robes qui s'envolent autour des jambes et des tailles affinées par la guerre, je croise des soldats américains qui me sourient et me tendent des paquets de cigarettes et de chewing-gum que j'attrape au vol et je les glisse dans ma poche sans songer à m'arrêter.

Je fais des photos, je ne me pose aucune question, comme si les images m'attendaient et ne me laissaient pas d'autre choix que de les prendre. Un homme me tend une bouteille de bière, je la bois d'une traite et l'amertume, les bulles, la fraîcheur, l'alcool me ramènent à l'instant que je suis en train de vivre : je suis dans Paris, je marche sans horizon, je suis à Paris, la ville est libre, libérée, et c'est le moment enfin de courir chez moi, de retrouver mes parents. Je cherche le nom d'une rue sur les coins d'immeubles et hurle à un homme qui m'a attrapée pour valser :

– Je cherche la rue de Bretagne, c'est loin d'ici ?

L'homme finit par me répondre. Plus de bus, plus aucun moyen de transport en ville, je vais devoir marcher. Je suis à la porte d'Italie. Il me montre du doigt la direction dans laquelle je dois me diriger et il me lâche enfin pour attraper une autre taille, plus prête à se laisser emporter par le rythme endiablé de la rue.

Cette fois, je récupère mes esprits et accélère le pas pour avancer dans la bonne direction, parfois à contre-courant de la foule en liesse. Je donne quelques coups d'épaule ou me délivre violemment quand quelqu'un veut me serrer dans ses bras ou m'embrasser. La rue se dégage pour laisser passer plusieurs jeeps chargées d'Américains qui font flotter leur drapeau dans l'air, bouteille de Coca et de bière à la main, sensibles aux jolies femmes qui les acclament. Je regarde passer les jeeps en pensant que je pourrais profiter d'une de ces voitures pour m'approcher de mon quartier. Sans réfléchir, je me mets au milieu de la route, bras écartés, devant une voiture qui avance doucement, fendant la foule. Je fais alors face à une voiture qui s'arrête, bloquée par mon corps ; je grimpe à l'arrière de la jeep, avec l'aide de soldats ravis d'attraper la main tendue d'une fille. Je me retrouve avec ces inconnus, hilares, déjà un peu saouls, portée comme une héroïne. Je me laisse faire, prête à payer ce prix pour arriver plus vite chez moi. Je ne me laisse pas gagner par cette folie de bonheur qui semble se jeter sur la ville.

Je me remets à faire des clichés, de toute ma hauteur, debout dans la jeep. Je découvre alors la foule et le paysage avec un autre œil, par en dessus, avec cette distance qui me fait repérer les scènes les plus troublantes. Une femme, debout devant une porte, les bras le long du corps, elle pleure au milieu de la joie générale, au milieu des hurlements, au milieu des embrassades, elle ne bouge pas et pleure devant ce spectacle. Ou bien un couple, sans doute d'inconnus, qui s'embrassent à pleine bouche avant de se séparer, l'homme pose sa main sur le sein de la femme et l'enserre en riant, la femme lui caresse les cheveux et leurs mains se frôlent et s'oublient, ils courent chacun d'un autre côté. Ou bien encore cette petite fille qui joue à la marelle, malgré tout ce qui se passe autour d'elle. Elle a poussé son palet trop loin, dans le ciel, et elle reste immobile un instant, avant d'aller le récupérer. Du haut de la jeep, j'observe la vie se dérouler devant moi, je suis témoin d'un moment où chaque sentiment est exacerbé, chaque vie est jouée sur sa note la plus aiguë. Je suis présente à travers mon viseur, et les soldats américains s'amusent de me voir faire des photos, demandent eux aussi un portrait. J'hésite un instant, les portraits me font peur maintenant, alors je trouve une solution : je triche en leur demandant de poser tous ensemble, en pyramide, comme s'ils étaient des acrobates, sur la voiture qui roule doucement et traverse la ville entre les Parisiens qui les vénèrent dans cet instant magique ; ils les acclament comme leurs sauveurs.

Quand j'aperçois la Marianne, bras levé pour proclamer la place de la République, je salue les soldats et leur explique d'un geste de main que je veux descendre. La jeep s'arrête un instant, deux soldats me prennent sous les bras et dans un mouvement de balancier me lancent dans les bras d'un troisième qui a sauté sur le trottoir. Celui-ci me vole un baiser, m'offre une tablette de chocolat et remonte, aidé de ses compagnons, en me criant :

– *Good luck, baby !*

J'ai du mal à me repérer sur cette place bondée de monde et ne sais par quelle rue passer pour rejoindre la rue de Bretagne. Je demande à plusieurs personnes qui n'entendent même pas ma question et veulent m'emporter dans leur danse effrénée. Je me dégage et avance à contre-courant, jusqu'à trouver une femme qui m'indique la bonne direction, avec douceur, et presque tendresse :

– Tout droit, vous êtes déjà rue du Temple, prenez la quatrième à gauche, et bonne chance à vous, jeune fille !

Tout droit… à peine dix minutes pour être dans ma rue, à peine dix minutes pour être dans mon appartement, à peine dix minutes pour savoir. Tout droit… comme si dans la vie je devais toujours aller tout droit, alors que jusqu'à aujourd'hui je n'ai fait que des détours. Je n'entends, ne sens plus rien et marche, tout droit, dans cette rue du Temple pourtant survoltée, inondée d'un flot de corps marchant et dansant. Rue de Bretagne. Je m'approche, accélère le pas pour me retrouver au seuil du numéro 46. Monte les escaliers en courant jusqu'au troisième étage.

31

La porte de l'appartement est entrouverte. Je la pousse et je sais à cette seconde que je ne les trouverai pas, que cette porte entrebâillée ne peut l'être que sur le vide. Quand la porte est ouverte en grand, je découvre l'étendue de l'horreur, le salon est recouvert d'un monceau de déchets, de meubles brisés, de bouts de chiffon déchirés. J'avance en enjambant les débris, d'une pichenette ouvre la porte de la chambre de mes parents : même paysage, même douleur.

J'avance et cherche dans les décombres un signe, un objet ; je trouve un gilet rouge, ma mère le mettait souvent pour sortir, ton gilet coquelicot, disait mon père pour la faire sourire, parce qu'elle aimait les coquelicots plus que toute autre fleur. Je prends soudain conscience que je pense à ma mère au passé et cela me fait si peur que je sors en courant de l'appartement sans plus regarder en arrière, déboule les escaliers et, dans la rue, cours encore pour ne pas me laisser rattraper par ce que je sens poindre.

Je m'arrête, essoufflée, quelques minutes seulement après ce moment de panique et tente de reprendre mes esprits.

Aller frapper aux portes des voisins, voilà ce que je dois faire, l'un d'eux pourra peut-être me dire depuis combien de temps mes parents sont partis, et qui sait, peut-être même où.

Je rebrousse chemin, monte à nouveau les escaliers, frappe à la porte voisine, au troisième, personne ne répond. Au deuxième, je trouve une autre porte entrouverte. Quand je la pousse doucement, c'est le même paysage qu'au-dessus, un pillage et un démolissage en règle. Je toque à la porte voisine, cette fois une vieille dame m'ouvre, sans doute saisie par le tremblement provoqué par les coups que je fais pleuvoir sur sa porte. C'est l'ancienne pianiste devenue presque sourde, qui m'a gardée quelquefois, quand mes parents sortaient. J'avais même oublié son existence.

La vieille dame est méfiante et laisse sa porte mi-close mais quand je lui rappelle qui je suis, elle ouvre la porte en grand et me prend dans ses bras. Elle m'invite à entrer, m'offre un verre d'eau que je bois d'une traite, avant de m'apprendre que mes parents ont disparu un jour, il y a trois ans maintenant, elle s'en souvient bien parce qu'elle attendait que ma mère vienne lui apporter sa part de café et ses pommes de terre ; elle lui avait confié un ticket de rationnement parce qu'elle était grippée et ne pouvait sortir. Elle a attendu toute la journée et quand, le soir, elle s'est inquiétée vraiment, elle est montée : la porte était ouverte, l'appartement était dévasté et il n'y avait plus personne.

Elle m'explique qu'elle n'a rien entendu, sa surdité la mure dans la solitude et la coupe du monde depuis plusieurs années. Elle est remontée régulièrement pendant presque une année et a fini par comprendre qu'ils ne reviendraient pas, pas avant la fin de la guerre. C'est moi qui lui apprends, en l'écrivant sur un papier, que Paris est libéré depuis le matin. La vieille dame n'a rien vu, rien entendu, et cette nouvelle la laisse songeuse : elle n'est pas sûre de comprendre ce que cela signifie pour elle. Elle n'a pas eu d'enfants, a perdu depuis longtemps ceux qu'elle aimait et joue du piano sans entendre les notes ni les mélodies. Elle ne sent rien des vibrations et s'agace à l'idée de ce mythe d'un Beethoven composant dans la surdité, une fourchette dans la bouche.

Je n'ai plus rien à faire là, je quitte la vieille femme en lui donnant le paquet de cigarettes qu'on m'a mis dans les mains le matin, alors que je cherchais mon chemin dans la ville. La vieille pianiste a toujours été une fumeuse invétérée et le manque est sans doute ce qui l'a fait le plus souffrir pendant cette guerre. Elle m'embrasse avec reconnaissance, me rappelle qu'elle m'a connue bébé et que je suis une femme, une belle femme, ajoute-t-elle.

Je remonte dans l'appartement de mon enfance et, sans réfléchir, fais quelques clichés de la désolation, à travers le miroir brisé que je déplace plusieurs fois pour faire des photos.

J'utilise les brisures du miroir pour rendre compte du morcellement de cette scène et de ce que je ressens à ce moment-là. Regarder par le biais du viseur, à travers une glace, me permet de rester là, dans cette distance qui me protège de la terreur. J'avance jusqu'à ma chambre, retrouve ma poupée de porcelaine, en mille morceaux elle aussi. Je vais chercher des bouts des miroirs brisés dans la salle et les pose de telle sorte que les morceaux de ma poupée se reflètent à l'infini. Je fais plusieurs clichés de cette façon, imagine que ce pourrait être une nouvelle série : *Les restes de ma guerre.* Je finis, épuisée par ces mises en scène, cette désolation, et m'assieds dans un recoin épargné ; je sors ma tablette de chocolat et la mange lentement, pour calmer les cris de mon estomac et ne pas vomir devant l'horreur de ce moment. Je finis par m'endormir. À mon réveil – combien de temps plus tard ? –, je décide de partir et de me diriger vers Sèvres. Je prends mon sac, mon Rollei et sors dans la rue, encore dans la chaleur de la fin d'après-midi et de la liesse des Parisiens.

Je marche, tout droit, espérant bien trouver la force de demander mon chemin à un moment donné. Pour l'instant, je suis incapable du moindre mot, et crains d'entendre ma voix. J'ai peur d'ouvrir la voie aux larmes que je contiens, parce que je ne peux pas tout lâcher, là, maintenant, au milieu de cette ville prise de folie.

Je me retrouve coincée par une foule qui crie, agglutinée en demi-cercle. Je tente de me faufiler pour dépasser ces corps qui m'arrêtent dans mon cheminement. En donnant des coudes et des épaules, je me retrouve au premier rang de cette foule, devant une scène que je ne comprends pas mais qui me subjugue. Trois femmes sont assises sur trois tabourets, trois autres femmes leur rasent la tête. Les femmes assises plient la nuque, les femmes debout jettent les mèches de cheveux avec une rage presque monstrueuse. Autour d'elles, des hommes et des femmes crient des injures qui s'adressent à celle qui est en train de se faire tondre. Je comprends peu à peu que ces femmes sont punies parce qu'elles ont couché avec un Allemand, et qu'elles porteront la marque de leur acte jusqu'à ce que leurs cheveux repoussent, le temps que tous découvrent leur secret. Le temps que tous les rejettent jusqu'à la fin des temps. La haine que je lis dans ces mots, dans ces regards me tétanise : la fin de la guerre, la Libération… Je prends mon Rollei et me mets à photographier. Je ne prends pas ces femmes humiliées mais seulement les mains des femmes qui coupent et saccagent. Aucun visage, seulement des gestes, le ciseau qui court, la tondeuse qui met à nu, le mouvement quand elles jettent les mèches. Je déclenche, dans la lumière de fin de jour, à cette heure où les chiens et les loups ne savent plus très bien qui ils sont. La foule se disloque quand les trois crânes brillent et je reprends ma route, tout droit, en espérant pouvoir demander mon chemin, sans tomber sur ces barbares de fin de guerre.

Je me souviens de ce jeune Allemand que j'ai rencontré, celui qui m'a laissé un mot, en me sauvant la vie ; j'aurais pu aimer cet homme si tout cela ne s'était pas passé ainsi, si je n'avais pas connu Étienne. Nous aurions pu nous embrasser, nous prendre la main en faisant des projets d'avenir, lui rêvant à son futur film, moi aux photographies uniques à découvrir. J'aurais alors été une de ces femmes assises sur une de ces chaises, à la vindicte de ces bons Français dont certains ont peut-être dénoncé mes parents et bien d'autres. Je pense à tout cela en marchant dans le soir finissant.

Des jeeps passent toujours et encore dans la ville, des musiciens se sont installés dans la rue et des pistes de danse s'improvisent çà et là, dans le rythme des klaxons des voitures américaines.

J'entends tout à coup mon prénom crié en pleine rue :

– *Catherine, hi ! Catherine, come on !*

Je reconnais les soldats qui m'ont accompagnée le matin même. Ils m'attrapent et m'aident à grimper dans la jeep. Ils me tendent un bout de pain, ouvrent pour moi une boîte de corned-beef et me regardent manger, affamée. Ils rient en me voyant dévorer tout ce qu'ils me tendent. Quand enfin je lève les yeux, rassasiée, un des soldats s'adresse à moi, avec un fort accent américain, mais dans un français plus que correct :

– Catherine, tu n'as pas trouvé ceux que tu cherchais, c'est ça ? As-tu une famille, un endroit où tu pourrais aller ? Dis-nous, on va t'aider, tu es notre mascotte aujourd'hui.

C'est ainsi que j'arrive à Sèvres, dans la nuit du 26 août, dans une jeep américaine. Je descends de la voiture pour sonner au grand portail, fermé à clé, comme d'habitude. Cela me rassure, je craignais de trouver une nouvelle porte entrebâillée sur la désolation. C'est Goéland, munie d'une lampe-tempête, qui s'approche de la grille de fer et l'ouvre en grand pour laisser entrer la voiture. Quand elle me reconnaît, elle me prend dans ses bras, me porte un instant, en me serrant contre elle si fort que j'en ai le souffle coupé. La directrice invite les soldats à rester pour la nuit mais ceux-ci lui expliquent qu'ils ont emprunté la jeep, sans l'autorisation de leur chef, et qu'ils ont intérêt à vite repartir au campement, pour éviter d'avoir de gros problèmes. Ils m'offrent quelques paquets de cigarettes et des tablettes de chocolat et je les embrasse un par un, avec fougue. Je leur demande où je pourrai leur envoyer les photos de la pyramide ; l'un d'eux m'écrit sur un bout de carton son nom et son adresse, en Arizona.

Kangourou, qui apprend le mime aux enfants, nous a rejoints et il me serre à son tour dans ses bras avec force. La directrice et l'animateur m'envoient au lit, en me proposant de parler le lendemain matin, à tête reposée. Ils m'accompagnent dans une chambre où je suis seule. Je sombre d'un coup, et dors plus de dix heures d'affilée.

32

Quand j'ouvre les yeux, je mets un moment avant de caler mon esprit dans le lieu. Je quitte cette chambre inconnue et me retrouve dans l'aile gauche du château, que je reconnais avec bonheur, comme si à nouveau tout était possible. Je galope dans les escaliers, pousse la porte à la volée et redécouvre le parc où j'ai passé tant de moments merveilleux. Il n'y a personne en vue, tout le monde est au réfectoire et je ne tarde pas à le comprendre en entendant mon ventre gargouiller.

Je déboule à la cantine, cherchant des yeux Sarah et Jeannot. Quand mon regard croise celui de Jeannot, il se lève, fou de joie, m'attrape dans ses bras. Il a grandi, il est devenu un homme, il m'enserre et m'embrasse tête et cheveux, du haut de son mètre quatre-vingts. Tous les enfants ont levé le nez de leur assiette pour contempler nos retrouvailles et se mettent à applaudir. Quand je sors le nez du giron de Jeannot, j'aperçois au fond de la salle Taupe, la cuisinière, Girafe, Musaraigne, Kangourou et quelques personnes que je ne connais pas. Ils s'avancent vers moi et je me blottis de bras en bras, rassurée enfin d'être quelque part où on m'attend. C'est Taupe qui interrompt les embrassades, après avoir eu son tour malgré tout, pour exiger que je prenne mon repas, avant qu'il ne refroidisse. Je retrouve le goût particulier de la soupe locale, un peu trop liquide et peu nourrissante mais douce au palais quand on a faim.

Jeannot m'apprend que depuis le départ de Sarah il n'a aucune nouvelle d'elle. Il attend chaque jour notre retour à toutes deux. Il s'est engagé dans la guerre à sa façon. Il a appris à faire de fausses cartes d'alimentation pour aider Taupe à concevoir ses repas avec un peu plus de pommes de terre et d'oignons et faire un pain plus riche de farine. Goéland nous invite à venir nous asseoir à sa table, dans l'appartement qu'elle et son mari ont au-dessus de la bibliothèque, et qu'elle n'utilise plus guère que pour aller se coucher le soir. Je dépose sur la table mes bobines, mes films, mon Rollei et les quelques tirages que j'ai pu faire. Elle n'y touche pas et me sourit en prenant ma main dans la sienne. Pourquoi Pingouin n'est-il pas présent ? Je suis sûre que s'il était là il voudrait dans l'instant aller au labo pour découvrir mon travail.

Goéland veut tout savoir sur ces années. Je raconte. Je raconte pendant plus de trois heures, en essayant de ne pas omettre les détails importants, je raconte encore et explique mon cheminement photographique, depuis le départ de ma première accompagnatrice jusqu'aux gares, aux gestes des femmes qui tondaient d'autres femmes, dans la haine des spectateurs, attisée par la foule, sans oublier les miroirs, les flaques d'eau, ni les portraits des fillettes disparues, qui m'ont suivie dans mon sac depuis des mois, dernières traces des enfants. Jeannot me sert de l'eau quand mon verre est vide, il est capté, comme la directrice, tous les deux fascinés par ce récit de guerre.

Je ne pleure pas, c'est comme si je parlais de quelqu'un d'autre, quelqu'un de lointain : je cherche les mots les plus justes, pour ne pas transformer ces années qui accumulent déjà tant de souvenirs dans ma mémoire. Je parle comme j'ai pris les photos, hier : dans cette distance nécessaire entre les scènes et moi-même, assez proche pour voir et laisser voir, assez loin pour ne pas me faire mal, pour éviter le corps-à-corps avec mon passé proche.

Je glisse plus vite sans doute sur la rencontre avec Étienne mais aucun des deux n'est dupe : ma voix a tremblé quand j'ai évoqué ce moment de mon histoire. Ils ont souri tous les deux, sans doute heureux que dans le récit de cette guerre l'amour ait pu se glisser dans les failles, que cet homme ait pu m'aider et me donner envie de vivre plus fort.

Quand j'en arrive à la découverte de l'appartement de la rue de Bretagne, Jeannot attrape ma main sous la table et la serre. Il a les larmes aux yeux. Je reste toujours aussi stoïque en expliquant les mises en scène aux miroirs et à la poupée.

C'est Goéland qui prend ensuite la parole pour me dire en quelques mots ce qui s'est passé tous ces longs mois. Les enfants juifs ont tous été déplacés, dans toute la France, et ils n'ont guère reçu de nouvelles. Et quand ils en ont obtenu, c'est qu'il y avait eu des drames : rafles et arrestations soudaines. Quatre enfants, à leur connaissance, ont été arrêtés et sans doute envoyés en Allemagne. De nombreux enfants juifs ont transité et transitent par la Maison des enfants, et un réseau sérieux s'est mis en place depuis le premier exil que j'ai connu.

Pingouin se cache en zone Sud, lui aussi est juif et il mène sa guerre depuis la province, en participant aux actions des résistants et en faisant passer les enfants d'un lieu à un autre. Elle a de ses nouvelles régulièrement, par le réseau. Il ne devrait plus tarder à arriver maintenant. Avec la libération de Paris, tout devient possible, même si la guerre n'est pas finie, rappelle pourtant Goéland. Pour ce qui est de l'école, tous font au mieux, même si la tristesse et la faim pèsent bien souvent sur les visages des petits. Elle tait ce qu'elle sait sur la déportation, je le sens bien. Sa voix perd son assurance quand elle évoque les disparitions et l'Allemagne ou la Pologne. Je la vois aujourd'hui plus âgée, moins mordante, je ne retrouve pas cette presque arrogance, cette fausse dureté qu'elle savait si bien afficher en toute circonstance. Je découvre une femme blessée par la guerre ; comme tout un chacun. Je la croyais forte, inflexible et j'imaginais qu'elle méprisait la faiblesse et les émotions. Elle est une femme comme les autres, cela me semble évident tout à coup. Peut-être est-ce seulement moi qui ai changé, peut-être est-ce mon regard qui n'est plus le même après ces dernières années d'exil ? Je n'ai plus ces yeux d'enfant impressionnée par la directrice. J'en ai tant vu et tant appris.

Le soir arrive et après le repas je vais déposer mes affaires dans la chambre que j'occupais avec Sarah. Deux fillettes y sont installées ; je me penche vers elles en leur souhaitant une douce nuit, les embrasse avant de monter dans ce qui a été mon lit, il y a quelques années. La couche du bas est vide. J'ai du mal à trouver le sommeil. Mes parents sont-ils morts ? C'est la première fois que j'ose prononcer dans ma tête ces mots-là. Sont-ils morts ? Je pleure une partie de la nuit, assez fort pour qu'une des petites m'entende dans son insomnie. La fillette sort de son lit, monte debout sur le matelas d'en dessous et vient chuchoter à mon oreille, avant de m'embrasser :

– N'aie pas peur. Si tu veux, je viens me coucher à côté de toi, comme, ça, on sera plus fortes que les mauvais rêves.

Le souvenir d'Alice me submerge ; j'attrape la fillette et la dépose contre moi. Nous finissons par trouver le sommeil, enlacées.

33

La guerre n'est pas finie, et je reste Catherine. Une mesure de prudence, me chuchote Kangourou. Goéland me demande de remettre en route le labo photo, fermé depuis mon départ. Je vais enfin pouvoir développer et tirer tout ce matériel de guerre et cette idée remplit mon esprit, reléguant plus loin ce qui m'inquiète, cette peur féroce qui me prend la nuit, ou parfois même en pleine journée. Je tente de reprendre ma vie d'élève mais je ne m'y sens plus à ma place. Certains enfants sont désemparés, et je comprends bientôt pourquoi les temps de récréation sont devenus si tristes, si immobiles. Nombre d'enfants savent leurs parents déportés ou bien morts et ils sont dans une attente ou une souffrance telle que rien ne semble pouvoir les animer.

Avec leurs institutrices, certains essaient de jouer le jeu, font au mieux pour ne pas les décevoir mais, dès qu'ils sont rendus à eux-mêmes, ils retombent dans une léthargie sombre, où peu de chose peut les atteindre. Certains mangent à peine au repas, alors que pourtant la faim guette chacun de nous. Comme s'ils voulaient disparaître eux aussi tout à fait, que leur corps devienne invisible.

Je prends la mesure de la souffrance des enfants et j'essaie, autant que je le peux, de les raccrocher aux instants présents. Je vais et viens de l'un à l'autre, parle, câline, invente des jeux, les fais courir après un ballon, sauter à pieds joints dans les flaques. Je les fais manger quand ils ne finissent pas leur assiette. Je voudrais être partout, avec chacun, et je passe une partie de mes premières journées à pister le désespoir. M'occuper d'eux me fait oublier ma propre terreur et le manque.

Quand j'ouvre le labo, je retrouve mon journal intime là où je l'ai caché. Je le glisse dans ma poche. Un bon ménage s'impose dans cette pièce qui sent le renfermé et la moisissure : je m'attelle à cette tâche, en entraînant deux fillettes désœuvrées et tristes dans mon sillage. Je leur promets en échange de leur apprendre à développer des photos. Pas question de me mettre au travail tant que le labo ne sera pas impeccable : comment imaginer retrouver mon histoire dans la saleté ou le désordre ? Et puis j'espère secrètement le retour de Pingouin. Ce temps de nettoyage lui laisse quelques jours de plus pour arriver. Je crois que j'ai besoin de sa présence, de sa chaleur près de moi pour affronter mes images.

Pendant près de trois jours, nettoyage, dépoussiérage et aération dans cette pièce avant de me décider à développer mes films, seule puisque Pingouin ne semble pas revenir. Mais Pingouin, mon cher Pingouin arrive quand tout est prêt, le jour même, alors que le labo brille, que les produits sont préparés et que je m'apprête à m'enfermer dans le noir. Il arrive d'exil, sans tambour ni trompette. Il a pu remonter sur Paris qui est désormais zone libre et il revient avec des rêves de paix plein la bouche. Après avoir pris sa femme dans ses bras et appris mon retour, il entre dans le labo où je passe le dernier coup de serpillière avant de me lancer dans cette aventure que j'attends et redoute en même temps. Je crains, plus que tout, les yeux des fillettes disparues, en négatif sous mes doigts. Pingouin rugit et m'attrape avec rudesse, me serre contre lui trop fort, maladroitement, jusqu'à me faire mal. Nous nous regardons en riant et nous nous mettons lui et moi à pleurer, en même temps. Rires et larmes, pas de danse à la manière des danses rituelles des Indiens, retrouvailles en couleurs avant de nous mettre au noir et blanc.

Pendant une semaine, nous nous enfermons tous les deux chaque matin dans le labo, et nous retrouvons nos gestes, nos déplacements, cette intimité qui nous lie tellement fort tous les deux, même si, ces premiers jours, nous restons dans un presque silence.

Nous développons tous les films puis les rangeons dans l'armoire à séchage, sans regarder les négatifs. Sans nous le dire, il nous a semblé évident à l'un comme à l'autre que nous ne pouvions pas aller trop vite, qu'il nous fallait un peu de temps encore avant de découvrir les images. Seule la lumière projetée sur les films laissera apparaître ce qui nous attend. Cela me laisse un délai avant d'affronter ces visages et ces souvenirs en chantier. Nous sortons, un peu déçus, chaque jour à midi pour aller déjeuner. Goéland a été radicale : hors de question que nous nous enfermions des journées et des nuits dans le labo. Trop de choses à faire dans la Maison, on a besoin de nous, et elle avoue qu'elle n'en peut plus de nos disparitions, elle a besoin de nous avoir à portée de regard, à portée de voix, de main. Elle me rappelle que bon nombre d'enfants me réclament déjà, que je me suis vite montrée indispensable et que je dois maintenant accompagner ces petits en errance. Jeannot lui aussi est ravi de nous voir sortir : il a tant de choses à me raconter qu'il pourrait presque être jaloux de me savoir « avec ce vieux dirlo toute la journée ».

Sans nous concerter, et sous la pression de tous ceux qui nous entourent, nous acceptons de limiter notre temps au labo, tant que nous en restons au développement. Mais nous savons tous les deux, sans avoir besoin de se dire un mot là-dessus, que, quand nous en serons au tirage, rien ni personne ne pourra nous faire sortir de la chambre noire.

34

Lundi. Cette fois, il est temps de passer à l'étape suivante. Pingouin m'a fait un petit signe à la sortie du réfectoire, c'est l'heure pour les images d'apparaître et de prendre corps, nous devons nous mettre au travail, sans relâche, jusqu'à ce que nous en ayons fini avec ces clichés. Pingouin fait preuve de cette autorité qu'il sait si bien manier, sa grosse voix et les yeux froncés, et personne ne se risquerait à le contredire (si ce n'est sa femme, qui connaît l'animal, et moi, et je le fais toujours avec plaisir, en retrouvant la vivacité de nos vieilles joutes verbales) : il a exigé qu'on nous laisse en paix, aussi longtemps qu'il le faudra.

Taupe, prévoyante, nous prépare pain, fromage et des carrés de chocolat mais aussi quelques pommes qui lui restent de l'automne précédent, les toutes dernières. Elle me met tout cela dans les bras, en profitant de mes mains prises pour pincer ma joue en riant.

Nous fermons la porte à clé, et là commence une longue traversée qui me ramène de lieu en lieu et me fait retrouver ceux que j'ai chéris tout au long de mon périple. Je retourne en arrière comme dans un film qu'on rembobine et repars de la photo que j'ai faite avant de quitter Sèvres, celle des danseuses qui portent à bout de bras l'une des leurs, dans une grâce qui relève d'une envolée d'ange.

Puis vient l'accompagnatrice, la toute première, au faux nom d'Hélène Damier : elle part vers la gare et montre son dos à l'objectif ; puis vient le jour de la communion à Saint-Eustache, puis le portrait de la mère supérieure, et celui d'Agnès, j'entends sa gouaille dans la bouche qui se dessine doucement au fond de la cuve qui révèle les images. Je retrouve ces images que j'ai déjà tirées il y a bien longtemps auprès d'Étienne.

Les premières photos d'Alice prennent forme et la petite est à chaque fois un peu floue, comme sous un voile. Un voile qui la rendrait invisible ; je me souviens alors de toutes ces questions que je me posais sur mon impossibilité de saisir son image. Suivent les portraits de famille et la mémoire de ce jour heureux resurgit, comme un bon verre de vin et le goût sucré de la tarte aux pommes. Ces mêmes photos doivent être rangées dans un album à la ferme.

Les ombres d'Alice assombrissent les feuilles blanches et rendent à l'enfant sa part mystérieuse.

Arrive le temps du château de Pange, s'égrainent les portraits d'enfants, je n'en ai pas oublié un seul. Les ombres prennent le visage de trois fillettes apeurées ou souriantes, indissociables les unes des autres. Je me force à mettre toute mon attention sur la durée des bains, sur les contrastes et la mesure des gris, pour ne pas me rappeler que ces fillettes ont existé, ont été emportées, ont disparu et sont peut-être mortes.

Je me prends au jeu de la technique pour ne pas m'apitoyer sur mes images et me laisser aller à la douleur.

Les dizaines de reflets dans la mare, dans les flaques, les ciels à l'envers, la course des nuages, Cristina et son grand amour Antoine apparaissent dans la vitre de la porte d'entrée ; Catherinette dans un autre reflet, avec ses parents aimants la caressant, puis le désordre de Paris, les rues enfumées, encombrées, abîmées.

Quand j'en arrive à l'appartement de mon enfance, mes gestes deviennent plus lents, et Pingouin reprend la main pour que je trouve une nouvelle respiration. Les mains des femmes qui tondent continuent à bouger dans les cuves et tous les deux nous voyons de nos yeux ce geste se répéter à l'infini, jusqu'à ce que nous accrochions les clichés sur le fil à linge, au-dessus de nos têtes.

La pyramide des Américains riant et chantant nous amuse, et, alors que nous accrochons la dernière image, Pingouin me fait remarquer que nous avons passé plus de trente-six heures sans dormir, en mangeant toutes les provisions de cette chère Taupe, toujours prévoyante. Quand nous ouvrons à nouveau la porte sur le dehors, nous sommes vite repris dans la course du temps : je suis tout à coup épuisée, exténuée, en déséquilibre, alors que je n'ai rien ressenti de tout cela ces derniers jours, enfermée dans la passion et à l'affût des images naissantes. Pingouin cligne des yeux, il est pris de bâillements et monte directement chez lui se coucher. Je grimpe dans mon lit péniblement et, sans même me déshabiller, je m'endors.

– À vous deux, vous avez passé trente-deux heures à dormir ! me reproche Jeannot qui depuis ce matin est, paraît-il, venu toutes les heures vérifier que je respirais encore.

Pingouin s'est éveillé le premier, affamé, et, quand il a appris tout ce qu'il avait dormi, il est parti d'un rire qui a entraîné Goéland, pourtant contrariée par cette longue disparition. Ce fou rire de Goéland a tellement étonné les enfants qu'ils m'ont assaillie pour me raconter cela à mon arrivée au réfectoire.

Les photos sèchent sur les fils que nous avons dû démultiplier au fur et à mesure des tirages. J'ai au moins réussi cette mission-là. Je suis revenue comme Goéland me l'avait demandé avec toutes ces photos. Il me reste maintenant à chercher un chemin pour mes images et surtout mon chemin à moi. Je suis fermement décidée à montrer ces photos à Étienne, dès que la guerre sera finie.

Je peux maintenant me lancer dans la longue lettre que je lui écris dans ma tête depuis des mois. Je lui raconte une partie de mon voyage et j'essaie de lui faire deviner ce que je ressens pour lui, sans lui dire vraiment. C'est difficile de trouver les mots justes, sans tomber dans un romantisme ridicule. Je n'ose pas lui avouer clairement mes rêves et lui donne l'adresse de la maison de Sèvres, espérant ainsi qu'il me répondra. J'ai peur qu'il m'ait oubliée, tout en sachant au fond de moi que c'est impossible tant notre rencontre a été incroyable.

Je reprends ma vie à la Maison des enfants, attentive aux

uns et aux autres et guettant le facteur tous les matins. La fin de la guerre approche, tous le sentent, et les angoisses des enfants n'en sont que plus palpables. Des lettres arrivent régulièrement, et chacun attend des nouvelles de ses disparus. Après la distribution du courrier, nombre d'enfants restent immobiles, prêts à se briser en petits morceaux tant leur espoir a été mis à mal. Parfois un enfant crie de joie, son père ou bien sa mère lui a écrit ou une tante ou un oncle qui donne une bonne nouvelle. Il crie dans le silence et bientôt se tait, en voyant les visages fermés de ses camarades. Un matin, Goéland tend une lettre en appelant :

– Catherine, Catherine Colin, une lettre pour toi.

Je ne sais si je dois espérer ou être terrorisée : des nouvelles de mes parents ? Bonnes, mauvaises ? Une lettre d'Étienne ? Un avis de décès, comme il en arrive régulièrement au courrier ? J'hésite à ouvrir l'enveloppe jusqu'au moment où je reconnais cette écriture fine et enfantine : c'est une lettre d'Alice ! Folle de joie, je déchire l'enveloppe et lis :

Ma chère Catherine,

Je veux que tu sois la première à le savoir : j'ai retrouvé mon frère. Il est venu me chercher dans la famille qui m'a accueillie avec Luco. On va repartir chez nous, dans notre maison. Il paraît qu'elle a tenu le coup et qu'elle est habitable. Les voisins l'ont préparée pour notre retour. Mon frère dit qu'il va trouver du travail et qu'on va se débrouiller tous les deux. Nous viendrons voir Luco le plus souvent possible, et mon frère m'a promis que, dès qu'il le pourrait, on viendrait le chercher pour qu'il vive avec nous. Ses parents ont été déportés et ils ne reviendront pas, il l'a appris déjà. Les gens qui nous ont accueillis sont très gentils et je sais que je peux avoir confiance en eux pour s'occuper de Luco. Ils ont toujours rêvé d'un petit garçon et ils l'ont trouvé avec lui, même si Luco est toujours aussi maladroit et timide. Peut-être même qu'ils l'aiment encore plus pour ces raisons-là.

Tu me manques, j'aimerais que toi aussi tu habites avec nous. Peut-être que toi et mon frère, vous pourriez vous marier ? Ce serait mon plus beau rêve. Ça fait rire mon frère quand je lui dis mais je crois qu'il a terriblement envie de te rencontrer. Dès que nous serons installés chez nous, près de Bordeaux, je t'écrirai à nouveau. Viens vite, j'ai besoin de toi, tellement besoin de me blottir dans tes bras. Je t'embrasse, plus fort que l'univers et que toutes les étoiles.

Alice (bientôt je pourrai te dire mon nom, je ne l'ai pas oublié, en vérité, mais mon frère me dit d'attendre la vraie fin de la guerre)

Savoir Alice en bonne santé et avec son frère chéri me soulage d'un poids énorme. S'il lui était arrivé quelque chose, je ne me le serais jamais pardonné. J'ai passé le relais à son frère qui l'aime plus que tout au monde, me voilà libre de ce côté de ma vie. J'espère avec impatience le moment où je pourrai leur rendre visite mais rien ne presse maintenant, il sera bientôt temps. Pour le moment, j'attends, comme la plupart des enfants, des nouvelles de ma famille et puis des nouvelles d'Étienne qui n'a peut-être pas reçu ma lettre ou bien qui n'a peut-être pas envie d'y répondre, à moins qu'il ne l'ait fait et que la lettre se soit perdue dans le bazar général dans lequel se trouve la zone libérée.

35

Novembre 1945.

Goéland m'a proposé de devenir animatrice auprès des plus petits, pas encore en âge d'entrer en primaire. Elle a vite compris que je ne trouvais plus ma place parmi les élèves, après ce temps de guerre et tout ce que j'ai vécu. Elle a senti que j'avais besoin d'avoir des responsabilités, besoin de me rendre utile, pour supporter la terreur qui me prend dès que je pense à mes parents. Goéland ne m'a pas caché qu'elle avait un rêve : elle pense que je ferais une excellente institutrice. Elle ne désespère pas du moment où elle pourra m'en convaincre. Je ne sais trop quoi penser de cette idée, il faudrait que je passe mon bacho, que je me mette aux études, et cela me paraît insurmontable pour l'instant. Je suis incapable de faire des projets, j'ai déjà tant de mal à faire avec le présent. Ce travail d'animatrice est un passage, je m'en rends bien compte, cela me donne un peu de temps, nous en avons convenu ainsi toutes les deux.

Aucune nouvelle de mes parents ; j'ai espéré les trouver gare de l'Est, quand les rescapés des camps sont revenus, mais ils ne sont jamais descendus d'un wagon et, comme tant d'autres jeunes de la maison de Sèvres, je reste sidérée par cette absence sans nom. Pas de morts à honorer, une mémoire qui s'estompe, un trou noir dans lequel s'enfonce ma tristesse. Un espoir qui se tarit de jour en jour.

La guerre est finie. Pourtant la vie ne change guère à la maison de Sèvres. Les tickets de rationnement sont toujours de saison, la faim aussi. Le malheur s'est écrasé sans plus aucune hésitation sur les orphelins et ceux qui ne savent toujours rien de leur famille. Les enseignants et les animateurs proposent aux élèves de fabriquer, réaliser, écrire, dessiner, peindre, sculpter, danser… pour les ramener dans la vie et les accompagner dans ce passage où tout reste à imaginer et à construire. Plusieurs enfants ne sont pas revenus de la guerre, sans que l'on sache ce qu'ils sont devenus. Aucun signe de vie de Sarah.

Pingouin tente toujours de remonter la filière pour retrouver les enfants qui manquent à l'appel. Il refuse d'accepter ces absences insupportables. Jeannot l'aide tant qu'il le peut, il écrit des lettres aux organismes officiels, lit toutes les listes des enfants déportés. Ils fouillent dans les décombres de la guerre avec acharnement.

Dans cet après-guerre, l'école accueille et nourrit les oiseaux perdus, pas réclamés. Ils se serrent tous les uns contre les autres pour se tenir chaud et tenir debout. Pingouin et Goéland sont bien décidés à élever ces enfants et à leur donner des forces pour grandir, si personne ne vient les chercher. Je suis à leur côté dans cette mission-là. J'y mets tout mon cœur, tout ce qu'il me reste de force.

Je suis redevenue Rachel Cohen, je suis allée à la mairie faire ma nouvelle carte d'identité mais je n'ai pas eu la force de jeter celle qui m'a protégée tout au long de la guerre. Je l'ai glissée dans mon journal intime, que je n'ai plus le courage d'ouvrir. À quoi bon écrire, pour dire quoi ? Mon désespoir ? La mort ? Et puis je suis très occupée avec tous ces enfants qui me demandent de l'aide et ont besoin de moi, au jour le jour. J'hésite encore à tourner la tête quand on m'appelle. Mon prénom m'a désertée et je dois le réapprendre, comme la plupart des enfants de la Maison.

J'ai repris ma place de photographe mais je ne parviens plus à faire de photos sans passer par le biais d'un reflet. Trop douloureux pour moi d'affronter le monde en face. J'ai toujours mon Rollei à portée de main mais j'hésite à m'en servir. La photo me semble de plus en plus compliquée, comme une part de moi qui n'aurait pas sa place dans mon corps. Sans parler d'Étienne qui ne m'a pas répondu. J'ai posté sa lettre il y a un an. Il s'affiche au rang des disparus de ma vie, comme tant d'autres, et lui non plus je ne parviens pas à l'oublier.

Pingouin arrive ce matin en trombe dans la grande salle où je suis en train de raconter une histoire aux petits. Il me fait signe qu'il a besoin de me voir très vite. Je libère les enfants en leur proposant d'imaginer la suite de mon récit, en dessin ou bien en chanson, et je rejoins Pingouin, complètement excité. Il m'apprend alors tout de go qu'il a montré quelques-unes de mes photos à des amis et que l'un d'eux, un galeriste du quartier du Marais, veut me rencontrer et pense déjà monter une exposition avec mon travail qu'il trouve « remarquable et même exceptionnel ! ». J'ai du mal à croire que mes photos peuvent intéresser un galeriste et je fais répéter à Pingouin les derniers mots, « remarquable et même exceptionnel ». Il sourit et se retient pour ne pas esquisser un pas de danse avec moi.

Nous avons rendez-vous le soir même à Paris, au Bouquet, un café près de Saint-Paul. Je lui rappelle que je dois demander l'autorisation de sortir à Goéland. Pingouin éclate de rire et me promet d'en faire son affaire. Goéland est bien sûr déjà au fait et ravie, d'autant plus, j'en suis certaine, qu'elle doit sentir comme moi que c'est pour Pingouin un retour à sa passion ; lui qui s'investit tellement dans cet après-guerre pourra peut-être retrouver un peu de légèreté avec cette aventure. J'aimerais tant moi aussi qu'il retrouve ce souffle.

Cette nouvelle que m'apporte Pingouin, qui rit comme un enfant, me paraît tellement incongrue que je me demande s'il ne s'agit pas d'une erreur ou bien d'une blague. Je finis par trouver Jeannot et lui raconte ce qui m'arrive.

C'est lui qui me suggère de m'habiller un peu mieux ; mon pantalon de toile marine et mon pull aux manches élimées manquent singulièrement d'élégance, me fait-il remarquer. Je me souviens alors que Cristina m'a offert trois robes et quelques chemisiers et je m'élance dans ma chambre, suivie de Jeannot, pour faire des essayages. Je saute, danse, ris comme cela ne m'est pas arrivé depuis bien longtemps. Jeannot m'imite et se moque de moi, comme il le faisait si souvent quand nous étions tous les trois, avec Sarah. Il tente de coiffer mes cheveux rebelles de sauvageonne, comme il dit. Il est vrai que je ne me démêle pas tous les jours et que je camoufle le désordre de mes cheveux sous des chignons un peu maladroits, et je suis plutôt une lionne qui déboule des broussailles que la reine d'Angleterre en sortie pour un breakfast à Londres.

36

Le galeriste, assis à une table du Bouquet, m'accueille comme une jeune prodige ; je n'en reviens pas d'entendre cet homme si raffiné et si cultivé parler de mes clichés aussi bien. Il a senti le fil tendu entre les différentes séries, les progressions et les disparitions, les jeux de reflets et de miroirs et ma place dans ces images. Mieux que je ne l'ai compris moi-même. Quand il me demande si j'ai une idée de titre pour l'exposition qu'il prévoit, dans trois mois, je n'hésite pas : je choisis, comme une évidence, le titre Ma guerre, et me laisse emporter par les mots de cet homme qui voit en moi un des jeunes talents de cet après-guerre.

Quand nous rentrons à Sèvres par le dernier bus, avec Pingouin nous nous mettons à faire des projets et à nous imaginer cette fameuse exposition. Nous sommes en plein rêve pendant tout le trajet.

Les jours passent et nous avons désormais Pingouin et moi les mêmes préoccupations : choisir les cadres, accrocher plus de soixante photos dans un dédale de salles aux murs de pierres apparentes, s'éloigner, s'approcher des images pour se rendre compte de l'effet, vérifier si les éclairages ne font pas briller les photos ou ne les effacent pas... J'y passe mes jeudis et bien souvent le samedi, malgré tout toujours hésitante au moment de partir, ce jour où les orphelins de l'école sentent plus encore la solitude et l'abandon, le moment où la plupart d'entre eux ont sûrement le plus besoin de moi. Des parents viennent chercher leurs enfants pour le week-end, mais la plupart des pensionnaires restent maintenant sept jours sur sept dans cette Maison qui, même si elle est la nôtre, ne peut remplacer celle que nous avons perdue. En m'absentant de l'école, j'ai le sentiment de trahir les enfants qui se retrouvent seuls avec leur tristesse, et en même temps je retrouve cette envie de vivre qui ces dernières années m'a un peu oubliée.

Je deviens de plus en plus familière de ces virées parisiennes. Je prends goût à ces voyages en autobus qui m'éloignent un peu de la Maison et de l'attente incessante ; je me souviens d'Agnès qui me racontait ses pérégrinations parisiennes avec un photographe, à la recherche du Paris populaire et des gestes de la rue.

J'aime cette idée qui me rappelle mes premières photos, à la maison de Sèvres. Au travers de la vitre de l'autobus, je prends des passants et des scènes de rues et je commence doucement à retrouver ce plaisir de l'instantané. Le galeriste m'a parlé d'un nouveau mouvement en photographie, l'humanisme, qui vient témoigner des petits bonheurs du jour le jour mais aussi des injustices quotidiennes. Je ne sais pas encore que penser de cette façon d'envisager la photographie, moi qui aime de plus en plus y voir un monde onirique, mais je recommence à trouver plaisir à réfléchir à tout cela. Parfois, Jeannot m'accompagne et m'attend, pendant que je parle avec le galeriste ou bien bricole dans la galerie même. Il aime se promener dans les rues parisiennes et sur les bords de Seine, où il fait les bouquinistes. Sa passion pour l'histoire va croissant et il espère qu'il pourra un jour l'enseigner et transmettre la sagesse que l'on devrait tirer du passé à de jeunes étudiants.

Le galeriste me traite comme une princesse et je m'amuse beaucoup de ses manières d'homme du monde, tout en prenant plaisir à le choquer un peu en usant de la gouaille de poulbot.

37

9 février 1946.

C'est le grand soir du vernissage. Pingouin, Goéland mais aussi Girafe, Kangourou et quelques autres enseignants se sont mis sur leur trente-et-un. Jeannot tient ma main et la serre fort. Dans l'autobus, je parle de faire demi-tour pour éviter la honte que je risque de ressentir si, comme je l'imagine, personne ne se déplace pour voir l'expo d'une jeune inconnue sans grand talent. Je me suis offert pour l'occasion une robe à la mode, bleue, à la taille froncée, poches fendues, ouverte sur le devant, laissant deviner mes genoux, et aussi des souliers à talons du même bleu, de cette couleur des fleurs des champs que j'ai si souvent cueillies quand j'étais dans les Pyrénées. Les fleurs à café. J'ai choisi ce modèle pour cette raison, pour me porter chance ; mais je me sens pourtant ridicule tout à coup, maladroite et bancale dans mes chaussures trop hautes et ma robe trop aguichante et pas de saison. Je me souviens de ces magazines que me prêtait Mlle Armande, l'institutrice, et je me demande si je suis aussi futile et sotte que cette jeune femme.

Jeannot a beau me répéter que je suis belle, que mes photos sont belles, je suis de plus en plus mal à l'approche de l'arrêt Saint-Paul. Jeannot ne me lâche pas, il me tient, impossible de fuir. Le galeriste nous a recommandé d'être là pour vingt heures, pour que je me fasse un peu désirer.

J'ai surtout peur d'arriver dans une salle vide, devant un buffet couvert de petits fours et de bouteilles de champagne commandés en nombre chez le traiteur. Pingouin ne dit rien, je sens que lui aussi est inquiet. Je suis sûre qu'il a peur du fiasco autant que moi, et que ses belles promesses lui semblent exagérées tout d'un coup. Quand je lui jette au visage que sa peur fait peine à voir, il éclate de rire et affirme que c'est mal connaître son ami galeriste, grand amateur d'art, il est vrai, mais aussi commerçant bien décidé à vendre des photos et à être considéré comme un découvreur dans la presse spécialisée. Il a investi sur cette exposition, certain de mon talent, et compte bien en sortir du prestige. Il a démultiplié les cartons d'invitation, a frappé à toutes les portes susceptibles de s'ouvrir et a acheté le champagne en conséquence.

C'est ainsi qu'en cette soirée de février le Tout-Paris amateur de photographie est là, présent et gourmand à l'idée de faire une découverte, déjà prêt à dire « j'y étais » au cas où une étoile naîtrait dans cette soirée. Je découvre en quelques instants à peine le goût de la célébrité. Tout dans cette soirée m'étourdit : le regard des journalistes, des photographes, sur mes photos mais aussi sur moi, les mots que je grappille au passage, le rire de Goéland qui résonne en cascade dans toutes les salles, le sourire de Jeannot, les baisers de Pingouin, les bulles de champagne que je fais rouler dans ma gorge en trinquant encore et encore avec des inconnus qui me posent mille questions auxquelles je réponds le plus sérieusement du monde, tout du moins autant que possible après ces coupes de champagne qui se remplissent aussi vite qu'elles se vident.

La soirée se termine vers minuit et le galeriste nous propose de raccompagner toute notre troupe dans sa voiture jusqu'à Sèvres.

Dans la semaine qui suit, plusieurs journaux parlent de l'exposition avec respect.

Le tout jeune magazine *Elle* écrit : *« Une jeune juive, rescapée de la guerre, nous livre son parcours, et chacune de ses photos vient dire le monde qui se débat, se détruit, s'ensevelit et se relève… »*

Dans le *Figaro*, on trouve : *« Une toute jeune femme raconte sa guerre en soixante photos et nous laisse entrer dans le monde intérieur d'une adolescente confrontée à la haine et à la mort… »*

Dans *L'Illustration* : *« Remarquable exposition qui nous transporte de Sèvres à Limoges, de Limoges à Riom, puis vers les Pyrénées, dans une émotion feutrée pleine de pudeur… »*

Les journalistes ne tarissent pas de compliments et les revues de photo les plus en vogue la citent et publient quelques-uns de mes clichés.

À peine un mois après le vernissage, je reçois une lettre à la maison de Sèvres. C'est Étienne qui a retrouvé ma trace, grâce à un article qu'il a lu dans *Vogue*. Il n'a pas hésité un instant à reconnaître mon travail et m'écrit à quel point il ne peut m'oublier. Il n'a rien reçu de moi, ni pendant la guerre, ni après la guerre et se demande si je me souviens de lui.

– Jeannot, tu ferais quoi à ma place ? Je veux dire si l'homme que tu aimais, enfin, je veux dire, si la femme que tu aimais t'écrivait une lettre pareille ?

Jeannot s'imagine recevant un courrier de Sarah et n'hésite pas une seconde :

– Je partirais la rejoindre, vaille que vaille.

Après cette brève discussion avec lui et une longue nuit blanche où je tente de penser ma vie sous tous les angles, je prends alors ma décision.

À sept heures du matin, je monte quatre à quatre les marches qui conduisent à l'appartement de Pingouin et Goéland, je frappe plusieurs fois, j'insiste jusqu'à ce que Pingouin apparaisse, les cheveux ébouriffés de la nuit, les yeux encore collés de sommeil, en pyjama gris. Je demande un entretien spécial devant un bol de café, Goéland arrive, en peignoir, éberluée et légèrement embrumée ; elle qui est toujours tirée à quatre épingles s'est laissé prendre dans son antre. Elle hausse les sourcils et articule dans une sorte de grognement :

– Tu ne manques décidément jamais de culot !

Elle hésite à montrer un peu de colère mais elle est trop curieuse de savoir ce qui leur vaut ce débarquement matinal et elle a manifestement besoin d'un café. Elle prépare donc une cafetière en me proposant de prendre place avec eux dans la petite cuisine qui ne sert guère qu'aux petits déjeuners. C'est une fois que nous sommes tous les trois assis que je me lance d'une traite, en prenant mon courage à bras-le-corps, sans laisser à l'un ou à l'autre la possibilité de réagir autrement qu'en m'écoutant :

– J'ai décidé de partir. Je vais retrouver ce photographe, Étienne, à Riom. Je l'aime, il m'aime, alors on va chanter cette chanson-là, tous les deux. Et puis, je veux retrouver ceux qui m'ont accueillie ces dernières années et leur remettre les clichés qui leur appartiennent, sans oublier la petite Alice qui m'attend. Quand j'en aurai fini, je crois que je pourrai photographier à nouveau le monde sans mettre de filtre entre lui et moi. Étienne m'y aidera. Peut-être partirons-nous en Amérique, quand nous aurons l'argent du voyage, mais nous irons aussi ailleurs, nos appareils sous les doigts. Je vous aime et je sais que, si je peux partir aujourd'hui, c'est parce que vous m'avez appris la liberté. Je sais que je vous laisse tout le travail, je sais que les petits ont besoin de moi. Je sais. Mais je sais aussi que je pourrai leur offrir d'ici quelques années mon regard et toutes ces images qui attendent que je les mette en lumière. Je leur offrirai mes photos. C'est ce que je peux leur donner de plus beau, je l'ai compris maintenant. Vous m'avez appris comme la photo, la peinture, la sculpture, l'art sous toutes ses formes sont indispensables à la vie. Chaque fois qu'une œuvre nous donne à approcher le monde autrement, chaque fois qu'une œuvre nous donne à regarder autrement la vie, nous sommes plus forts et plus justes, plus proches de nous-mêmes et de la tribu des humains. Je ne serai pas institutrice, j'ai trop besoin de m'empreindre du monde, de voyager, d'aller à la rencontre d'ailleurs et d'autres. J'ai trop besoin de traquer les images. Je vais partir, dès demain ; je reviendrai, un jour, je reviendrai souvent. La maison de Sèvres est mon port d'attache et vous savez comme moi que les marins rêvent toujours du moment où ils accosteront sur leur bout de terre, même s'ils ne restent jamais longtemps loin de la mer.

Le lendemain matin, quand la grille de fer se referme sur moi, les enfants, dans le parc du château, guidés par Musaraigne, chantent : *De faïence et de porcelaine, Raccommode objets de valeur…* Je me retourne et leur fais un signe de la main. Dans ma tête, je fredonne en tournant le coin de la rue : *Je répare bien des malheurs, Ainsi j'évite bien des peines, Je suis le raccommodeur, De faïence et de porcelaine.*

Postface

Goéland, Pingouin ont existé, ils ont été les pionniers d'une pédagogie nouvelle, encore révolutionnaire aujourd'hui, à la maison de Sèvres, rue Croix-Bosset. De nombreux instituteurs et animateurs (comme Musaraigne ou Kangourou, de son vrai nom Marcel Marceau, qui deviendra le célèbre Mime Marceau au visage et aux pantalons blancs… et bien d'autres) ont participé à cette grande aventure. Ma mère a été l'une de ces enfants cachés qu'ils ont sauvés, avec le réseau de l'OSE (l'Œuvre de secours aux enfants). Ma mère, de son vrai nom Tamo Cohen, a passé la guerre sous le nom de France Colin. Elle était passionnée de photo, a parcouru la France de lieu en lieu puis est revenue à la fin de la guerre à Sèvres.

Cette histoire s'inspire donc de faits du réel, de personnages ayant existé et à qui je souhaite rendre hommage. Goéland a été décorée de la médaille des Justes bien des années après la guerre. Ma mère a fait son chemin, les yeux grands ouverts sur les arts et dans un appétit de la vie qui ne se dément toujours pas.

Mais même si je me suis appuyée sur des souvenirs de ma mère et sur le site remarquable qu'un « ancien » de Sèvres, Robert Léopold, a construit, en réunissant une foule de documents passionnants, mon histoire reste une histoire…

Je remercie aussi chaleureusement Patrick Jacques, photographe-poète, qui m'a beaucoup parlé de photographie et m'a appris à mieux comprendre la lumière.

J'ai pris beaucoup de liberté avec la réalité, et j'espère que j'en serai pardonnée ; j'ai inventé des personnages, des lieux, je me suis laissé prendre par l'écriture, par les mots, et La guerre de Catherine *reste avant tout un roman, une fiction qui s'inscrit dans une période de l'Histoire et vient rappeler que, même quand les loups hurlent à la mort, des femmes et des hommes savent rester fidèles à leur humanité.*